HOLT 2 FRENCH

Allez, viens!

Listening Activities

HOLT, RINEHART AND WINSTON

A Harcourt Classroom Education Company

Austin · New York · Orlando · Atlanta · San Francisco · Boston · Dallas · Toronto · London

Contributing Writers

Additional Listening Activities	Dominique Poumeyrol-Jumeau Austin, TX
	Anne Nerenz Eastern Michigan University Ypsilanti, MI
Tests and Quizzes	Barbara Kelley Parkway Central High School Chesterfield, MO
	Elizabeth M. Rowe Oceanside, NY
	Valérie Simondet Houston, TX

Cover Photo/Illustration Credits
Girl: Christine Galida/HRW Photo; boy: Marty Granger/HRW Photo; French horn: Image Club Graphics ©1997 Adobe Systems; CD player: Sam Dudgeon/HRW Photo

Photography Credits
All photos HRW/Marty Granger/Edge Productions except: Page 3 (tl), Walter Chandoha; (tc), HRW Photo/May Polycarpe; (tcr), HRW Photo/Marty Granger; (tr), HRW Photo/Marty Granger; (cl), Baranoch/Sipa Press; (cr), Philippe Denis/Sipa Press; (bl), Sebastien Raymond/Sipa Press; (br) Toussaint/Sipa Press; 4, HRW Photo/May Polycarpe; 11 (l), HRW Photo; (cl), HRW Photo/Sam Dudgeon; (c, cr), HRW Photo/ Marty Granger; (r), John Miller/Leo De Wys; 21 (l, cl, cr, r), HRW Photo/Sam Dudgeon; (c), Marty Granger; 25 (tl), HRW Photo/Marty Granger; (tc, tr, bl, br), HRW Photo/Sam Dudgeon; 59 (l), HRW Photo/Louis Boireau; (cl), Kevin Syms/David R. Frazier Photolibrary; (cr), Marc & Evelyne Bernheim/Woodfin Camp & Associates; (r), HRW Photo/Louis Boireau; 91 (tl), Serge Côté/L'Imagier; (tcl), Stephen J. Krasemann/AllStock/Tony Stone; (tcr), L.L. Rue/SuperStock; (bl), Darrell Gulin/AllStock/Tony Stone; (bcl), Daniel J. Cox/AllStock/Tony Stone; (bcr), Renee Lynn/AllStock; (br), Serge Côté/L'Imagier; 95 (tl), Serge Côté/L'Imagier; (tc), Daniel J. Cox/AllStock/Tony Stone; (tcr), Darrell Gulin/AllStock/Tony Stone; (tr), Stephen J. Krasemann/AllStock/Tony Stone; (bl), L'Imagier; (bc), Winston Fraser.

Printed in the United States of America

ISBN 0-03-065562-5

1 2 3 4 5 6 7 066 05 04 03 02 01

Contents

To the Teacher v

Student Response Forms for Textbook Listening Activities and Additional Listening Activities

Chapitre 1 3
Chapitre 2 11
Chapitre 3 19
Chapitre 4 27
Chapitre 5 35
Chapitre 6 43
Chapitre 7 51
Chapitre 8 59
Chapitre 9 67
Chapitre 10 75
Chapitre 11 83
Chapitre 12 91

Scripts and Answers for Textbook Listening Activities and Additional Listening Activities

Chapitre 1 101
Chapitre 2 107
Chapitre 3 112
Chapitre 4 117
Chapitre 5 122
Chapitre 6 127
Chapitre 7 132
Chapitre 8 137
Chapitre 9 142
Chapitre 10 147
Chapitre 11 152
Chapitre 12 157

Scripts and Answers for Testing Program

Chapitre 1 164

Chapitre 2 168

Chapitre 3 172

Chapitre 4 176

Chapitre 5 180

Chapitre 6 184

Midterm Exam 188

Chapitre 7 191

Chapitre 8 195

Chapitre 9 199

Chapitre 10 203

Chapitre 11 207

Chapitre 12 211

Final Exam 215

To the Teacher

The *Listening Activities* book presents many of the listening activities available for use with Level 2 of *Allez, viens!* Here, presented in one book and packaged together by chapter for ease of use, you will find the materials needed in order to include listening practice at every point in your lesson cycle. The recordings for all the activities in this book can be found on the *Allez, viens! Audio Compact Discs.*

What will you find in the Listening Activities book?

- **Textbook Listening Activities, Student Response Forms, Scripts and Answers**   The listening activities in the *Allez, viens! Pupil's Edition* are designed to practice and develop listening comprehension skills in real-life contexts. The Textbook Listening Activities, which are indicated in the *Pupil's Edition* with a listening icon, feature a wide variety of situations and tasks, such as phone messages, exchanges in a store or restaurant, or conversations between friends about school and free-time activities. Many of the activities are art-based, and in some cases, students will need to look at the art on the corresponding page of the *Pupil's Edition* as they complete the activity on the Student Response Form. Copying masters of the Student Response Forms for each chapter's listening activities are included here. Each copying master is referenced by page number to the corresponding page in the *Pupil's Edition*. In addition, this book contains the scripts and answers to all Textbook Listening Activities, also organized by chapter.

- **Additional Listening Activities, Songs, Scripts and Answers**   Six Additional Listening Activities per chapter, two for each **étape,** provide further listening comprehension practice. The purpose of these Additional Listening Activities is to develop, reinforce, and refine listening skills, using contexts that simulate real-life settings. Students hear conversations, announcements, advertisements, radio broadcasts, weather reports, and so on. The Additional Listening Activities are thematically related to each chapter and focus on the target vocabulary and grammar points, but also contain some new and unfamiliar material. For further practice, each chapter of Additional Listening Activities also includes a song. This *Listening Activities* book contains the copying masters for the Additional Listening Activities and song lyrics, organized by chapter. Also included are the scripts and answers to each Additional Listening Activity.

- **Quiz and Test Listening Scripts and Answers**   The *Listening Activities* book also contains the scripts and answers for the listening sections in each quiz and test of the *Allez, viens! Testing Program,* as well as the scripts and answers to the Midterm and Final Exams. The listening sections of the quizzes and tests are brief, contextualized activities that test both discrete-point and global listening skills. The emphasis is on evaluating students' ability to recognize target vocabulary and structures in a variety of real-life contexts.

How can you use the materials in the Listening Activities book?

The goal of *Allez, viens!* is the development of proficiency in all four skills. To develop proficiency in listening comprehension, the program facilitates incorporation of listening activities into all phases of the lesson cycle—from presentation, to practice and expansion, to review and assessment. The materials gathered together in the *Listening Activities* book allow you to familiarize yourself quickly with the many listening options available to you and your students with this program, and to incorporate these materials easily into your lesson. All the recordings feature a wide variety of native speaker voices, thus allowing students to experience and become familiar with a range of authentic French-speaking accents that they may encounter while studying or traveling in the French-speaking world.

- **Using the Textbook Listening Activities**   In each chapter, there are different kinds of Textbook Listening Activities, each appropriate for use at specific points in the lesson cycle. Icons in the *Pupil's Edition* indicate listening activities. First, you may use the listening activity following a **Comment dit-on...?** or **Vocabulaire** presentation to develop students' recognition of new material. Second, as students move from recognition to production, you may use subsequent Textbook Listening Activities, as well as the **Mise en pratique** listening activity, to develop more global listening skills and to reinforce the language students are beginning to produce. The Textbook Listening Activities are also excellent preparation for the listening sections on the quizzes and tests.

- **Using the Additional Listening Activities**   The Additional Listening Activities are ideal for developing global listening skills, and may be best used towards the end of an **étape** or chapter. The fact that these activities contain some unfamiliar material helps students to learn an invaluable lesson in developing listening proficiency: they need not understand every word in order to comprehend the main idea. These activities may also be used to review for the test, and to offer the faster-paced students a challenge and the opportunity to experience language that is slightly ahead of their level. The songs, although thematically linked to each chapter, may be used at any time. Teachers use songs in many ways: as part of a culture lesson or "fun" day; to present or reinforce certain vocabulary expressions or grammatical structures; or to practice listening comprehension by turning the song lyrics into a cloze or matching activity.

- **Using the Quiz and Test Listening Scripts and Answers**   The anxiety many students feel when faced with a listening section on a quiz or test may affect their performance. To help lower anxiety, remind students that the tasks they are asked to do on the quizzes and tests, as well as the voices they will hear, are very similar to what they have done and heard in the Textbook Listening Activities and the Additional Listening Activities. Many teachers find it preferable to administer the listening portion of the quiz or test first, and then have students proceed with the other sections. You may have students complete the listening portion of the quiz or test on one day, then administer the rest of the test the next day. You may also play the recording once and ask students just to listen, then replay it and have students complete the task.

Student Response Forms for Textbook Listening Activities and Additional Listening Activities

Chapter 1 3

Chapter 2 11

Chapter 3 19

Chapter 4 27

Chapter 5 35

Chapter 6 43

Chapter 7 51

Chapter 8 59

Chapter 9 67

Chapter 10 75

Chapter 11 83

Chapter 12 91

5 Ecoutons!

Ecoute Sandra qui parle de sa famille. De quelle photo est-ce qu'elle parle?

a.   b.   c.   d.   e.

1. _____   2. _____   3. _____   4. _____   5. _____

6 Ecoutons!

Match the descriptions of these stars with their photos.

a.

b.

c.

d.

1. _____   2. _____   3. _____   4. _____

Student Response Forms

9 Ecoutons!

Listen to Etienne describe his cousins Eric and Caroline. Look at his self-portrait and decide which cousin has more in common with him.

Who has more in common with Etienne?

_____

Nom :	LEPIC
Prénom :	Etienne
Né(e) le :	10 mai
A :	Dijon
Résidence :	Chartres
Animaux domestiques :	un chat et deux poissons rouges
Sports pratiqués :	le tennis, le vélo, le foot
Lieu(x) de vacances préféré(s) :	la plage, l'Italie
Plats préférés :	les hamburgers et le bœuf bourguignon
Passions :	le sport, la musique rock, les copains
Ambition :	participer au Tour de France

16 Ecoutons!

D'après ces conversations, où est-ce que ces gens vont pour les vacances?

	à Paris	à la plage	à New York	à la montagne
1.				
2.				
3.				

       French 2 Allez, viens!, Chapter 1

22 Ecoutons!

Sandra et Etienne vont manger au restaurant ce soir. D'abord, lis ces descriptions de restaurants. Ensuite, écoute Sandra et Etienne. Où est-ce qu'Etienne veut aller? Et Sandra? Qu'est-ce qu'ils décident de faire?

Etienne veut aller…

_____

_____

Sandra veut aller…

_____

_____

Ils décident de/d'…

_____

_____

Les restaurateurs de la rue de la Porte-Morard

Au cœur du Secteur Sauvegardé, en prolongement du pont St-Hilaire qui offre un beau panorama sur la rivière et la Cathédrale, les cinq restaurants de la rue de la Porte-Morard vous proposent cinq façons différentes d'apprécier une bonne table :

LE MAHARADJA - Spécialités indiennes et pakistanaises - Tél. 02 37 31 45 06.

LE CHÊNE FLEURI - Hôtel-restaurant avec grande terrasse en saison - Cuisine traditionnelle - Tél. 02 37 35 25 70.

LA CRÊPERIE DU CYGNE - Galettes de sarrasin - Crêpes - Salades - Grillades - Terrasse en été - Tél. 02 37 21 99 22.

LA NAPOLITAINE - Pizza et plats à emporter - Tél. 02 37 34 30 26.

LE TEMPLE - Restaurant indochinois, spécialités du Sud-Est Asiatique - Tél. 02 37 12 27 30.

Parking gratuit proche, place Morard.

25 Ecoutons!

Tarek raconte ses projets pour samedi. Mets les images en ordre.

a.   b.   c.   d.

_____   _____   _____   _____

Mise en pratique 3

There's a message on your answering machine from Patrick to let you know when he's arriving, at what time, and on what flight. He also describes himself so you'll recognize him. Jot down the necessary information.

What day? _____ Hair color? _____

At what time? _____ Height? _____

What flight? _____ Clothing? _____

■ PREMIERE ETAPE

1-1 Patricia is reading the personal ads in the school newspaper. Listen as she reads aloud an ad that she finds interesting and complete her notes on the person who placed the ad.

Physical features:	Interests:
Eyes _____	_____
Hair _____	_____
Height _____	_____
Age _____	_____

1-2 Bernard, a young newspaper reporter, is taking a poll of high school students to find out their interests. Listen as he interviews Philippe and Rachida. Then decide whether the following statements are true (**vrai**) or false (**faux**).

	Vrai	Faux	
1.	_____	_____	Philippe aime aller au café avec des copains.
2.	_____	_____	Philippe joue au basket à l'école.
3.	_____	_____	Rachida aime surtout le rock.
4.	_____	_____	Les Garçons Bouchers, c'est un groupe de rock.
5.	_____	_____	Rachida est plus jeune que Philippe.
6.	_____	_____	Rachida est sportive.

Additional Listening Activities

■ DEUXIEME ETAPE

1-3 When Dorothée's father went to work this morning, he left her a note. Listen to Dorothée as she reads the note aloud. Then complete these sentences in English.

1. Dorothée's father wishes her _____

_____.

2. He reminds her to _____

_____.

3. He hopes she'll _____

_____.

4. He tells her to _____

_____.

1-4 Jacques is shopping for some clothes in a department store. Listen as he visits three departments. Then answer the questions below in English about his experience in each department.

1. What item of clothing is Jacques interested in?

   Department 1: _____

   Department 2: _____

   Department 3: _____

2. Does he buy the item or not? Why or why not?

   Department 1:

   _____

   _____

   Department 2:

   _____

   _____

   Department 3:

   _____

   _____

French 2 Allez, viens!, Chapter 1

■ TROISIEME ETAPE

1-5 Christian met Françoise a week ago. He stops by to pay her a visit. Listen to their conversation and decide whether the following statements are true or false.

	True	False	
1.	_____	_____	Françoise was expecting Christian's visit.
2.	_____	_____	She's pleased that he dropped by.
3.	_____	_____	Françoise suggests they go out.
4.	_____	_____	Christian suggests they go to a Chinese restaurant.
5.	_____	_____	Françoise doesn't like Chinese restaurants.
6.	_____	_____	Françoise has never been to Chez André.
7.	_____	_____	It's raining now.

1-6 Christian and Françoise are having dinner at **Chez André,** a cozy little restaurant. Listen to what they say and write down in English what each one orders.

Christian	Françoise
_____	_____
_____	_____
_____	_____
_____	_____
_____	_____

French 2 Allez, viens!, Chapter 1

Listening Activities **9**

Additional Listening Activities

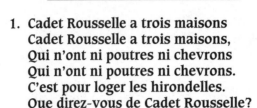

Song: *Cadet Rousselle*

1. Cadet Rousselle a trois maisons
   Cadet Rousselle a trois maisons,
   Qui n'ont ni poutres ni chevrons
   Qui n'ont ni poutres ni chevrons.
   C'est pour loger les hirondelles.
   Que direz-vous de Cadet Rousselle?

   REFRAIN
   Ah! ah! ah! oui, vraiment,
   Cadet Rousselle est bon enfant.

2. Cadet Rousselle a trois habits
   Cadet Rousselle a trois habits,
   Deux jaunes et l'autre en papier gris
   Deux jaunes et l'autre en papier gris.
   Il met celui-là quand il gèle
   Ou quand il pleut ou quand il grêle.

   REFRAIN

3. Cadet Rousselle a trois beaux yeux
   Cadet Rousselle a trois beaux yeux.
   L'un regarde à Caen, l'autre à Bayeux
   L'un regarde à Caen, l'autre à Bayeux.
   Comme il n'a pas la vue bien nette
   Le troisième, c'est sa lorgnette.

   REFRAIN

4. Cadet Rousselle a trois souliers
   Cadet Rousselle a trois souliers,
   L'un décousu, l'autre percé
   L'un décousu, l'autre percé.
   Et le troisième, je me rappelle,
   N'a jamais eu trace de semelle.

   REFRAIN

5. Cadet Rousselle a trois beaux chats
   Cadet Rousselle a trois beaux chats,
   Qui n'attaquent jamais les rats
   Qui n'attaquent jamais les rats.
   Le troisième n'a pas de prunelle,
   Il monte au grenier sans chandelle.

   REFRAIN

This song is recorded on *Audio Compact Discs,* CD 1, Track 26.
Although it is presented with this chapter, it may be used at any time.

7 Ecoutons!

Listen to the following dialogues in which people are being welcomed. Did they have a good trip or a tiring trip?

	Good trip	Tiring trip
1.		
2.		
3.		

10 Ecoutons!

Il y a beaucoup de visiteurs chez Robert. Ecoute les conversations et choisis la scène qui représente chaque conversation.

a.

b.

c.

1. _____

2. _____

3. _____

15 Ecoutons!

The Morels are moving into their new home. Match the furniture with Mrs. Morel's instructions to the movers.

a.

b.

c.

d.

e.

1. _____ 2. _____ 3. _____ 4. _____ 5. _____

Student Response Forms

18 Ecoutons!

(Open your textbook to page 41.) Look at the **Vocabulaire** on page 41 of your textbook as you listen to a description of the Morel house. Is each statement true or false?

	1.	2.	3.	4.	5.	6.
True						
False						

Now, listen again and write down each statement as you hear it. Then, correct the statements that are false.

1. _____

2. _____

3. _____

4. _____

5. _____

6. _____

22 Ecoutons!

Listen as Solange gives Arnaud a tour of her home. What does Arnaud compliment?

1. _____

2. _____

3. _____

4. _____

26 Ecoutons!

Listen to Patrick and Chantal discuss what they're going to do today. First, choose the places they decide to visit. Then listen again and put those places in the order in which they'll visit them.

Which places will they visit? (Circle the letters.)

a. le musée des Beaux-Arts   **c.** le parc   **e.** la poste

b. la cathédrale   **d.** l'office de tourisme   **f.** la piscine

In what order will they visit them? (Write the letters.) _____

Student Response Forms

29 Ecoutons!

(Open your textbook to page 46.) Look at the map of Chartres on page 46 of your textbook. Imagine that you're at the **place des Epars,** near the bottom left corner of the map. Listen to the following directions and figure out where they lead.

1. _____

2. _____

3. _____

Mise en pratique 2

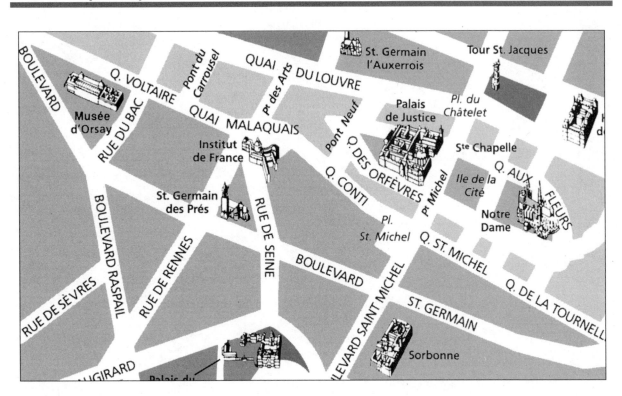

Look at this map of Paris. You're at the **place St-Michel** in the **Quartier latin** and you're trying to find the museum at the **centre Georges Pompidou.** You ask a passerby who, unfortunately, gives you the wrong directions. Listen to the directions and figure out where they would actually lead you.

These directions lead to _____.

■ PREMIERE ETAPE

2-1 Listen to this conversation between Madame Poitou and a young married couple, Raymond and Juliette. Then answer the questions below in English.

1. Who is Madame Poitou?

_____

_____

2. What is this conversation about?

_____

_____

3. How are Raymond and Juliette feeling?

_____

_____

4. What are they about to do at the end of the conversation?

_____

_____

2-2 Listen to this conversation and then decide whether the statements below are true or false.

	True	False	
1.	_____	_____	The girl is talking to her mother.
2.	_____	_____	These two people haven't seen each other recently.
3.	_____	_____	The girl's trip was tiring.
4.	_____	_____	The girl arrived by plane.
5.	_____	_____	The woman is meeting the girl at the train station.
6.	_____	_____	The girl is very thirsty.
7.	_____	_____	The woman offers her a soda.

Additional Listening Activities

■ DEUXIEME ETAPE

2-3 Carole's aunt Paulette is showing her around the house. Listen to their conversation. Then list in French the rooms they mention, check which floor the rooms are on, and list any furniture or furnishings in the rooms that Carole compliments.

Pièces	Rez-de-chaussée	Premier étage	Meubles

2-4 You're looking for a house to rent in France for the summer, so you phone a real estate agency in Paris. You forgot about the time difference. The agency is closed, but you get a recorded message describing some houses to rent. Listen to this message and take notes in English.

Location: _____

Rooms:

Ground floor: _____

_____

Second floor: _____

_____

Exterior: _____

Rent:
Weekly: _____

Monthly: _____

Agency: *Bermondy* _____

Telephone: _____

Hours: _____

■ TROISIEME ETAPE

2-5 Raymond and his wife Juliette are staying at the **Chez moi** inn. They're asking the owner, Madame Poitou, to suggest some interesting places they might visit. Listen to their conversation and then complete the summary below.

Raymond and his wife Juliette are visiting the city of _____.

Madame Poitou suggests they visit _____ . Raymond

and Juliette ask her if there are any _____,

_____ , or _____

to see. Madame Poitou doesn't think there are any performances at the theater because

_____ . The couple finally decides to go to

_____ .

2-6 Arthur arrives at the station and stops at the information booth to ask directions to the youth hostel. Listen carefully to the conversation and trace the route on the map below from the railroad station to the youth hostel according to the directions you hear. Then listen to the directions again and write the numbers of the streets and places listed below in the appropriate locations on the map.

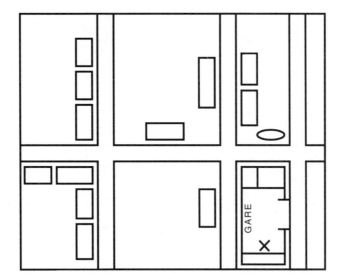

1. la piscine
2. le lycée Henri IV
3. l'auberge de jeunesse
4. la poste
5. la bibliothèque

6. les toilettes
7. le restaurant
8. la rue de Paris
9. le chemin des Druides
10. la rue des Chouans

French 2 Allez, viens!, Chapter 2

Additional Listening Activities

Song: *Orléans, Beaugency*

CANON

Orléans, Beaugency,

Notre-Dame de Cléry,

Vendôme, Vendôme!

Orléans, Beaugency,

Notre-Dame de Cléry,

Vendôme, Vendôme!

This song is recorded on *Audio Compact Discs,* CD 2, Track 27.
Although it is presented with this chapter, it may be used at any time.

COPYING MASTERS

8 Ecoutons!

(Open your textbook to page 65.) Listen to the following conversations to find out what some people are buying at the supermarket. Then listen a second time and list the quantities of the items they're buying. According to the ad on page 65 of your textbook, how much would each customer pay?

	Item	Quantity	Total cost
1.			
2.			
3.			

11 Ecoutons!

Listen as some parents tell their children what to buy for dinner. Which store(s) will they have to visit?

a. la poissonnerie   **c.** la boucherie   **e.** la crémerie

b. la boulangerie   **d.** la charcuterie   **f.** la pâtisserie

1. _____   2. _____   3. _____   4. _____

18 Ecoutons!

Ecoute ces conversations. Est-ce qu'on parle du petit déjeuner, du déjeuner ou du dîner?

	Petit déjeuner	Déjeuner	Dîner
1.			
2.			
3.			
4.			

French 2 Allez, viens!, Chapter 3

Student Response Forms

20 Ecoutons!

Read this list of school menus from Martinique. Then listen to some students talking about lunch. Which town are the speakers from? Which day's menu are they talking about?

CANTINES SCOLAIRES
Les menus de la semaine

VAUCLIN :
   Lundi: fromage, lapin chasseur, haricots rosés, mandarines.
   Mardi: melon, couscous au mouton, lait gélifié.
   Jeudi: salade de laitue, poisson au four, haricots verts et carottes, yaourt.
   Vendredi: salade de concombres, steak haché au four, chou vert sauce blanche, cocktail de fruits.

RIVIERE-SALEE :
   Lundi: salade de concombres, haricots rosés, poisson grillé, glace.
   Mardi: fromage, salade de haricots verts, poisson au four, fruit.
   Jeudi: salade de carottes, riz blanc, colombo de cabri, glaces.
   Vendredi: salade de tomates, sardines, pâté en pot, île au caramel.

	Vauclin	Rivière-Salée	Lundi	Mardi	Jeudi	Vendredi
1.						
2.						
3.						

22 Ecoutons!

Listen to the following conversations at the table. Is the first speaker asking for food, offering food, or paying a compliment?

	Asking	Offering	Complimenting
1.			
2.			
3.			
4.			
5.			
6.			

28 Ecoutons!

Listen as some students ask for advice about gifts. Do they accept or reject the suggestions?

	Accept	Reject
1.		
2.		
3.		
4.		
5.		

30 Ecoutons!

Qu'est-ce que chaque personne offre à Mme Lepic pour son anniversaire?

| a. | b. | c. | d. | e. |

1. Pamela _____   2. Etienne _____   3. Lionel _____   4. Sandra _____

Mise en pratique 2

Martin-Alexandre and his sister, Stéphanie, are organizing a birthday party for Claude. Listen to their conversation and answer the following questions.

1. What meal are they having together? _____

2. What is Stéphanie going to buy at the **boulangerie**? _____

3. Where is Martin-Alexandre going to buy the dessert? _____

4. What does Stéphanie think about her brother's first suggestion for a gift for Claude?

   _____

5. What does Stéphanie decide to get for Claude? _____

■ PREMIERE ETAPE

3-1 Madame Hubert and her daughter, Solange, are going grocery shopping. As you listen to their conversation, number the stores in the order in which Madame Hubert plans to visit them. Then circle the letters of the items she plans to buy.

_____ la pâtisserie
     a. mille-feuille   **b.** tarte   **c.** religieuse

_____ la poissonnerie
     a. poisson   **b.** crevettes   **c.** huîtres

_____ la charcuterie
     a. pâté   **b.** jambon   **c.** saucisson

3-2 While you're shopping at the supermarket, you hear the following announcement over the loudspeaker. Listen carefully and write down the sale prices of the items in each department.

Crémerie

    œufs   _____

    beurre   _____

Boulangerie

    baguette   _____

Pâtisserie

    religieuses   _____

    mille-feuilles   _____

    tartes aux
       pommes   _____

Charcuterie

    saucisson   _____

    pâté   _____

Poissonnerie

    huîtres   _____

    crevettes   _____

■ Additional Listening Activities

■ DEUXIEME ETAPE

3-3 Marie-Hélène has invited some people over for dinner this evening. Listen to her decide what to serve. Then answer the questions below in English.

1. What is Marie-Hélène going to serve as an appetizer?

   _____

2. Why does she plan to serve beef instead of fish as the main dish?

   _____

3. What will she serve with the main dish?

   _____

4. Why does she decide not to serve cheese?

   _____

5. What might she prepare for dessert?

   _____

6. What time is it? _____

3-4 Georges Lemieux is hosting two American students, John and Kathy. They've just come downstairs for breakfast on the first morning of their stay. Listen carefully to their conversation and then underline the word or phrase in parentheses that best completes each sentence.

1. Georges has prepared a typical (American/French) breakfast.

2. Kathy (compliments/turns down) the **tartines**.

3. John (dislikes/likes) the breakfast.

4. John (asks for/turns down) more hot chocolate.

5. Kathy asks John to (pass the jam/pour her more hot chocolate).

6. Georges offers John (more hot chocolate/another **tartine**).

7. John (accepts/says "no thank you").

8. Georges offers Kathy (more hot chocolate/another **tartine**).

9. Kathy (accepts/says "no thank you").

■ TROISIEME ETAPE

3-5 It's Joëlle's birthday. Her best friend Fatima phones Joëlle's brother, Paul. Listen to their conversation and decide what gifts Fatima and Paul are going to buy for Joëlle. Write their names under the appropriate illustrations.

_____   _____   _____

_____   _____

3-6 Madame Sérieuse, an elementary school teacher, is teaching her class some polite greetings. Listen carefully. Then number the pictures below in the order in which the children suggest the corresponding greetings.

a.

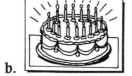
b.

c.

d.

_____   _____   _____   _____

e.

f.

g.

_____   _____   _____

Additional Listening Activities

Song: *Ma Normandie*

Quand tout renaît à l'espérance
Et que l'hiver fuit loin de nous,
Sous le beau ciel de notre France
Quand le soleil revient plus doux,
Quand la nature est reverdie,
Quand l'hirondelle est de retour,
J'aime à revoir ma Normandie,
C'est le pays qui m'a donné le jour.

This song is recorded on *Audio Compact Discs,* CD3, Track 27.
Although it is presented with this chapter, it may be used at any time.

8 Ecoutons!

While in France, you hear the following ad for Martinique on the radio. Which features of the island are mentioned?

_____ la mer   _____ le sable

_____ la forêt tropicale   _____ une chute d'eau

_____ les cocotiers   _____ les champs de canne à sucre

_____ les villages de pêcheurs   _____ les bananiers

_____ la montagne Pelée   _____ Fort-de-France

17 Ecoutons!

Listen as Magali and César decide what to do today. List two things they suggest. What do they finally decide to do?

Magali and César suggest

1. _____

2. _____

They finally decide to _____

_____

Student Response Forms

21 Ecoutons!

What activities are these people talking about? Do they like or dislike the activities?

	Activity	Like	Dislike
1.			
2.			
3.			
4.			

26 Ecoutons!

André décrit ses préparatifs du matin. Mets les images en ordre.

a.

b.

c.

d.

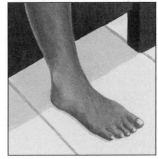

e.

1. _____ 2. _____ 3. _____ 4. _____ 5. _____

Mise en pratique 2

A travel agent in Guadeloupe is describing a tour you're interested in taking. As she speaks, write down in order what you will do on the tour. *(Write in English.)*

_____

_____

_____

_____

_____

_____

_____

_____

_____

■ PREMIERE ETAPE

4-1 A group of French tourists is flying over Martinique in a private airplane. A guide is pointing out and describing the sights below. Read the descriptions and then listen carefully. Choose the name of the city or town that corresponds to each description.

                    a. Point d'Enfer
                    b. Le François
                    c. Fort-de-France
                    d. Le Morne Rouge

1. _____ C'est à l'est.

2. _____ C'est situé au milieu de la forêt tropicale.

3. _____ Ce n'est pas loin des champs de cannes à sucre.

4. _____ C'est une des plus petites villes.

5. _____ C'est tout au sud.

6. _____ Cette ville offre de nombreuses activités.

7. _____ Il y a beaucoup de moustiques.

8. _____ C'est la capitale de l'île.

9. _____ C'est un village de pêcheurs.

10. _____ Cette ville est renommée pour son charme.

11. _____ Il n'y a que du sable.

4-2 Raymond has just returned to France from his vacation. Listen as he tells his friend Jacques about his trip. Then complete the following summary of their conversation in French.

Raymond a passé des vacances sensass à la _____. Il a trouvé tous les gens

_____. Il a beaucoup aimé les _____ de sable blanc. Il a trouvé

la végétation incroyable : les _____, les _____, les _____

et toutes sortes de _____. En plus, dans la forêt tropicale, il a vu plein de

_____ et il a visité un _____. Ce qu'il a aimé le

mieux, c'était les _____ parce qu'ils étaient si animés.

Additional Listening Activities

■ DEUXIEME ETAPE

4-3 Grégoire arrives at the airport in Fort-de-France and goes to the information booth. Listen to the conversation and then decide whether these sentences are true (**vrai**) or false (**faux**).

	Vrai	Faux	
1.	_____	_____	Grégoire visite souvent la Martinique.
2.	_____	_____	Il y a beaucoup de villages de pêcheurs.
3.	_____	_____	Il n'y a pas beaucoup à faire à la plage.
4.	_____	_____	Ce qui plaît surtout à Grégoire, c'est la plongée.
5.	_____	_____	Au centre de l'île, il y a la forêt tropicale.
6.	_____	_____	On peut faire de nombreuses excursions.
7.	_____	_____	L'employée lui donne le nom d'un restaurant.
8.	_____	_____	Grégoire n'aime pas tellement le poisson.

4-4 Doris is talking with her friend Claude, who has just arrived in Martinique from metropolitan France. Doris is showing her some pictures that she took on an excursion around the island. Number the pictures in the order in which Doris describes them.

a. _____

b. _____

c. _____

d. _____

e. _____

f. _____

COPYING MASTERS (vertical, right margin)

■ TROISIEME ETAPE

4-5 Pierre is phoning his friend Jean. Listen to their conversation. Then choose the best completion for each of these sentences and circle the letter of your choice.

1. Pierre propose d'aller...
   a. à la pêche.　　　　**b.** au club de sport.　　　　**c.** au café.

2. Jean ne peut pas sortir parce qu'il...
   a. est malade.　　　**b.** n'aime pas sortir si tôt le matin.　　　**c.** n'est pas encore habillé.

3. Jean se lève tard aujourd'hui parce qu'il...
   a. est allé danser avec son amie hier soir.　**b.** va au café avec Pierre.　**c.** est allé à la pêche hier.

4. Pierre ne peut pas sortir ce soir parce qu'il...
   a. n'a rien de prévu.　**b.** se lève tôt demain matin.　**c.** va à la pêche aujourd'hui.

5. Les deux garçons prennent rendez-vous pour...
   a. aujourd'hui à midi.　**b.** après-demain à deux heures de l'après-midi.　**c.** ce soir.

4-6 Aminata, a young Senegalese girl living in France, receives the first letter from her new pen pal Marie, who lives in Martinique. Listen as Aminata reads the letter aloud to a friend and complete the answers to the questions in French.

1. Qu'est-ce que Marie fait chaque jour?

   Elle se lève vers sept heures. Ensuite, elle _____, elle

   _____ et elle _____. Elle part pour

   l'école vers huit heures moins le quart. A midi, elle déjeune à la cantine. Les cours finissent

   à cinq heures. Le soir, elle _____ vers dix heures.

2. Qu'est-ce qu'elle fait après l'école?

   Elle va à la plage pour _____ ou bien pour

   _____. Elle rentre vite pour le dîner.

3. Qu'est-ce qu'elle aime faire le week-end?

   Elle aime _____ avec ses copines. Le samedi, elles font de la

   planche à voile et le soir, elles vont danser. Le dimanche, elles font de la plongée.

Additional Listening Activities

Song: *Ah, vous dirai-je, Maman?*

Ah, vous dirai-je, Maman,
Ce qui cause mon tourment?
Papa veut que je raisonne
Comme une grande personne.
Moi, je dis que les bonbons
Valent mieux que la raison.

Quand trois poules vont aux champs,
La première va devant.
La deuxième suit la première.
La troisième vient la dernière.
Quand trois poules vont aux champs,
La première va devant.

This song is recorded on *Audio Compact Discs,* CD 4, Track 24.
Although it is presented with this chapter, it may be used at any time.

7 Ecoutons!

Listen to these dialogues and decide which of the excuses illustrated below is given in each one.

a.

b.

c.

d.

1. _____ 2. _____ 3. _____ 4. _____

9 Ecoutons!

Luc is late for his lunch meeting with Francine at a café. Listen to his excuses and decide which of the following happened to make him late. *(Place a check mark in the appropriate blank(s).)*

_____ 1. Luc est rentré chez lui à midi.

_____ 2. Il a trouvé son livre d'histoire.

_____ 3. Il a raté une marche et il est tombé.

_____ 4. Il a pris le bus pour aller au café.

Student Response Forms

12 Ecoutons!

Listen to these students. Are they talking about something that is happening now or something that happened in the past?

	Now	In the past
1.		
2.		
3.		
4.		
5.		

18 Ecoutons!

Listen as some friends discuss their weekends. Did they have a good weekend or a bad one?

	Good weekend	Bad weekend
1.		
2.		
3.		
4.		
5.		

Student Response Forms

30 Ecoutons!

Listen as Gilbert's father and friends ask him about his schoolwork. Are they reprimanding or congratulating him?

	Reprimanding	**Congratulating**
1.		
2.		
3.		
4.		

Mise en pratique 2

Ecoute la conversation entre le père de Ginette et son professeur d'histoire-géo. Décide si les phrases suivantes sont vraies ou fausses.

Vrai   **Faux**

_____   _____   **1.** Ginette a eu neuf à l'interro d'histoire-géo.

_____   _____   **2.** La semaine passée, elle est arrivée en classe à l'heure.

_____   _____   **3.** D'après Ginette, l'histoire est son fort.

_____   _____   **4.** D'après Ginette, le prof ne l'aime pas.

_____   _____   **5.** Le prof de Ginette ne l'aime pas.

_____   _____   **6.** D'après le prof, Ginette ne doit pas faire le clown en classe.

French 2 Allez, viens!, Chapter 5

Listening Activities **37**

■ PREMIERE ETAPE

5-1 Audrey has just returned home from school, and she's telling her mother about her day. Listen to their conversation. Then check the sentences in the list below that correctly describe the situation.

_____ 1. Audrey had a bad day.

_____ 2. Audrey had an argument with her friend.

_____ 3. She got up late.

_____ 4. She didn't hear her alarm.

_____ 5. She had to walk to school.

_____ 6. She tore her skirt.

_____ 7. She arrived late at school.

_____ 8. Her teacher was understanding.

_____ 9. Audrey has detention on Wednesday afternoon.

_____ 10. Audrey's mother agrees with the teacher.

5-2 Madame Peltier has just received a note from Monsieur Choron, her son Arthur's teacher. Listen as she reads the note aloud. Then answer the questions below.

1. What grades did Arthur receive in these subjects?

_____ dictation   **a.** 6/10

_____ math   **b.** 5/10

_____ history-geography   **c.** 4/10

2. Are the following sentences true or false?

True   **False**

_____   _____   **a.** Arthur is doing well at school.

_____   _____   **b.** Arthur is often late.

_____   _____   **c.** Arthur is well-behaved in class.

_____   _____   **d.** The teacher needs to talk to Arthur's mother.

_____   _____   **e.** The teacher is going to telephone tomorrow.

Additional Listening Activities

■ DEUXIEME ETAPE

5-3 Angèle meets her friend Olivier in front of his house. Listen as they talk about their vacations. Then choose either **Olivier** or **Angèle** to complete each of the sentences below.

Olivier	Angèle	
1. _____	_____	a visité la Corse cet été.
2. _____	_____	a passé ses vacances à la Martinique.
3. _____	_____	a passé des vacances formidables.
4. _____	_____	s'est vraiment ennuyé(e).
5. _____	_____	a vu son grand-père.
6. _____	_____	a fait beaucoup de promenades.

5-4 Listen to the messages for Michèle on her family's answering machine. Briefly summarize each message in English.

Caller   **Message**

1. Sophie _____

_____

_____

2. Mother _____

_____

_____

3. Rachid _____

_____

_____

4. Philippe _____

_____

_____

5. Sophie _____

_____

_____

■ TROISIEME ETAPE

5-5 Monsieur Dantec is having a talk with his son, Victor, about his schoolwork. Listen to their conversation and then decide whether the following sentences are true or false.

	True	False	
1.	_____	_____	Victor's father is discussing his report card with him.
2.	_____	_____	In general, Victor is a good student.
3.	_____	_____	Math is Victor's strong subject.
4.	_____	_____	Victor received an eighteen in math.
5.	_____	_____	Victor says he has a hard time understanding in English.
6.	_____	_____	Victor's father is going to talk with the English teacher.
7.	_____	_____	Victor's grade in gym is better than his grade in English.
8.	_____	_____	Victor's father tells him he has to work harder.
9.	_____	_____	Victor got his history test back today.

5-6 When Nicolas gets home from school, there's a message from his mother on the telephone answering machine. Listen to the message and then answer the following questions in English.

1. Who telephoned Nicolas' mother?_____

2. Why did the person call? Give three reasons.

_____

_____

_____

_____

_____

_____

French 2 Allez, viens!, Chapter 5

Listening Activities **41**

Additional Listening Activities

Song: *Sur le pont de Nantes*

Sur le pont de Nantes,
Un bal y est donné,
Sur le pont de Nantes,
Un bal y est donné,
La belle Hélène voudrait bien y aller,
La belle Hélène voudrait bien y aller.

Ma chère mère, m'y laisserez-vous aller? [bis]
Non, non, ma fille, vous n'irez point danser. [bis]
Monte dans sa chambre et se met à pleurer. [bis]
Son frère arrive dans un bateau doré. [bis]
Qu'as-tu, ma sœur, qu'as-tu donc à pleurer? [bis]
Hélas, mon frère, je n'irai point danser! [bis]
Oh! si, ma sœur, moi, je t'y conduirai. [bis]
Prends ta robe blanche et ta ceinture dorée. [bis]
Elle fit trois tours, le pont s'est défoncé. [bis]
La belle Hélène dans la Loire est tombée. [bis]
Hélas, mon frère, me laisseras-tu noyer? [bis]
Non, non, ma sœur, je vais te retirer. [bis]
Dans l'eau se jette, et les voilà noyés! [bis]
Voilà le sort des enfants obstinés! [bis]

This song is recorded on *Audio Compact Discs,* CD 5, Track 25.
Although it is presented with this chapter, it may be used at any time.

7 Ecoutons!

(Open your textbook to page 162.) Regarde le **Vocabulaire** à la page 162 et écoute Alain et Monique qui parlent des activités de leurs amies. Est-ce qu'ils parlent de Perrine, d'Han ou de Mariyam?

	Perrine	Han	Mariyam
1.			
2.			
3.			
4.			
5.			
6.			

10 Ecoutons!

Listen to several friends discuss what they did over the weekend. Are they enthusiastic, indifferent, or dissatisfied?

	Enthusiastic	Indifferent	Dissatisfied
1.			
2.			
3.			
4.			

Listen again and write down the response to each question as you hear it.

1. _____

2. _____

3. _____

4. _____

Student Response Forms

16 Ecoutons!

Listen as the teacher tries to locate all the students to head back to the bus. Where are these students?

1. Paul _____
2. Laurence _____
3. Ali _____
4. Guillaume _____
5. Mireille _____
6. Marcel _____

a. au café
b. au premier étage
c. avec les Américains
d. dans l'autocar
e. dans le jardin
f. au bord de la rivière

20 Ecoutons!

Listen to Mai as she asks her friends about their weekends. Does she believe what they tell her or not?

	Believes	Doesn't believe
1.		
2.		
3.		
4.		
5.		

Student Response Forms

26 Ecoutons!

Nathalie achète un billet à la gare. Ecoute sa conversation avec l'employé de la gare. Ensuite, complète les phrases suivantes.

1. Nathalie veut aller à _____

2. Le train part à _____

3. Elle voudrait un _____

4. Ça coûte _____

5. Le train part du quai _____

Mise en pratique 2

You call the bus station in Tours, but you get a recorded message. Listen carefully and note the times you'll need to catch the bus to and from Amboise and how much your ticket will be.

The bus to Amboise _____

The bus back from Amboise _____

The round-trip ticket will cost _____

■ PREMIERE ETAPE

6-1 Edouard and Mireille are seated on the terrace of a café. Listen to their conversation. Then do the following activities.

a. Whose opinions are these? Write **E** for Edouard's opinions and **M** for Mireille's.

_____ 1. Je me suis plutôt ennuyé.

_____ 2. Ça m'a beaucoup plu.

_____ 3. J'adore assister aux spectacles son et lumière.

_____ 4. J'ai trouvé ça mortel.

_____ 5. C'est sinistre.

_____ 6. C'est trop cher.

_____ 7. C'était magnifique.

_____ 8. Les effets de lumière n'étaient pas trop mal.

_____ 9. Tout était sensass.

_____ 10. C'était pas mal.

b. Answer these questions in English.

1. What does Edouard suggest they do after the sound and light show?

_____

2. Does Mireille accept the invitation? Why or why not?

_____

3. What does Mireille think of Edouard at the end of the evening?

_____

6-2 Hubert works in a travel agency. He's preparing a brochure to advertise a tour in the Loire Valley. Listen as he reads it to himself. Then put the activities in the proper order, according to the itinerary Hubert has planned.

Le premier jour :   _____

Le deuxième jour :   _____

Le troisième jour :   _____

a. spectacle son et lumière

b. visite d'un zoo

c. pique-nique

d. parc d'attractions

e. tour des châteaux

Additional Listening Activities

■ DEUXIEME ETAPE

6-3 Ahmed has just returned from his school trip. Listen as he tells his sister Latifa all about it. Then number the sentences below in the correct order, according to Ahmed's account of his trip.

_____ Il a fait une visite guidée du château avec Sarah.

_____ Il a rencontré une jeune fille qui s'appelle Sarah.

_____ Il est monté dans une tour avec Sarah.

_____ Ils sont arrivés à la gare.

_____ Il a proposé un pique-nique pour ce week-end.

_____ Il est rentré chez lui.

6-4 Madame Moisel, a teacher in a **collège,** told her students to write a paragraph about their summer vacation. Paul volunteered to read his to the class. Listen carefully and then complete the following sentences in English.

1. Paul spent his vacation in _____.

2. Paul doesn't understand why people _____

   _____.

3. He thinks the place is _____ and the people are _____.

4. Paul likes the place so much that he _____

   _____.

5. The teacher liked Paul's work; she _____.

■ TROISIEME ETAPE

6-5 Laurent works in the ticket booth at the bus station. As you wait your turn in line, you overhear the following conversations between Laurent and the four people ahead of you. Listen carefully and complete the sentences below with the information you hear.

1. L'homme va à Milly-la-Forêt.

   Il voudrait _____ billets.

   Ça fait _____ €.

2. La femme voudrait aller à Asnières.

   Il n'y a pas de car _____ .

   Le prochain car part _____ à _____ .

   Elle peut toujours prendre _____ .

3. Le garçon veut aller à Saint-Denis.

   Il achète un _____ .

   Ça coûte _____ €.

4. La femme voudrait aller à Bondy.

   Il est 11h20. Le prochain car part à _____ .

   Il part du quai _____ .

6-6 Thuy phones the train station to ask for information. Listen to the conversation. Fill in the chart below with the ticket prices and answer the questions that follow in English.

	Grenoble	Lyon
un aller		
un aller-retour		

At what time does the ticket office open?

_____ .

At what time does the first train for Lyon leave next Saturday?

_____ .

Additional Listening Activities

Song: *Le Pommier à Jean Renaud*

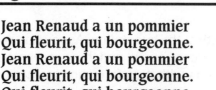

Jean Renaud a un pommier
Qui fleurit, qui bourgeonne.
Jean Renaud a un pommier
Qui fleurit, qui bourgeonne.
Qui fleurit, qui bourgeonne,
Qui ne rapporte jamais de pommes.

REFRAIN
Danse encore un petit dro,
Sous le pommier, sous le pommier.
Danse encore un petit dro,
Sous le pommier à Jean Renaud.[bis]

Jean Renaud a deux pommiers
Qui fleurissent, qui bourgeonnent.
Jean Renaud a deux pommiers
Qui fleurissent, qui bourgeonnent.
Qui fleurissent, qui bourgeonnent,
Qui ne rapportent jamais de pommes.

REFRAIN

Jean Renaud a trois pommiers
Qui fleurissent, qui bourgeonnent.
Jean Renaud a trois pommiers
Qui fleurissent, qui bourgeonnent.
Qui fleurissent, qui bourgeonnent,
Qui ne rapportent jamais de pommes.

REFRAIN

Jean Renaud a quatre pommiers
Qui fleurissent, qui bourgeonnent.
Jean Renaud a quatre pommiers
Qui fleurissent, qui bourgeonnent.
Qui fleurissent, qui bourgeonnent,
Qui ne rapportent jamais de pommes.

REFRAIN

Jean Renaud a cinq pommiers
Qui fleurissent, qui bourgeonnent.
Jean Renaud a cinq pommiers
Qui fleurissent, qui bourgeonnent.
Qui fleurissent, qui bourgeonnent,
Qui ne rapportent jamais de pommes.

REFRAIN

This song is recorded on *Audio Compact Discs,* CD 6, Track 30.
Although it is presented with this chapter, it may be used at any time.

Nom _____ Classe _____ Date _____

Student Response Forms

COPYING MASTERS

6 Ecoutons!

Listen to Lucien's friends complain about how they feel. Match each person's name with his picture.

a.   b.   c.   d.

1. Edouard _____   2. Jérôme _____   3. Jean-Claude _____

What would the person in the remaining picture say? Answer in French.

_____

9 Ecoutons!

Listen as several students talk to the pharmacist. Where are their aches and pains?

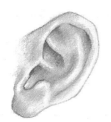         

a.   b.   c.   d.

1. _____   2. _____   3. _____   4. _____

13 Ecoutons!

You're helping out the nurse at a **colonie de vacances** this summer. Listen as she tells you about the patients who have come in this morning. Which of the people in the **Vocabulaire** on page 191 of your textbook is she talking about? Fatima? Guy? Véronique? Tranh? *(See the pictures below.)*

1. _____   2. _____   3. _____

French 2 Allez, viens!, Chapter 7   Listening Activities **51**

Copyright © by Holt, Rinehart and Winston. All rights reserved.

Student Response Forms

19 Ecoutons!

a. Simone asked her friends Josée, Christelle, and Khalid what they do to keep in shape. What does each person do?

1. Josée _____

2. Christelle _____

3. Khalid _____

b. Listen again to Josée, Christelle, and Khalid and write down how often they do each activity.

1. Josée _____

2. Christelle _____

3. Khalid _____

23 Ecoutons!

Olivier donne des conseils à ses amis. Est-ce qu'ils acceptent ou refusent ses conseils?

	Accepte	Refuse
1.		
2.		
3.		
4.		

26 Ecoutons!

Sabrina et Emile sont au gymnase. Qui encourage qui?

_____ encourage _____ .

Student Response Forms

32 Ecoutons!

André is asking his friends Marie-Ange, Ali, and Philippe about their eating habits for a class project. Who has good habits? Who has bad ones? Who is the most healthy?

_____ has good habits.

_____ has bad habits.

_____ is the most healthy.

35 Ecoutons!

Julie et David sont au café. Ecoute leur conversation. Qu'est-ce que Julie conseille à David?

_____

_____

_____

Mise en pratique 2

Listen to a radio commercial for the health spa **Centre Equilibre Santé** and answer the following questions. *(Answer in English.)*

1. What exercise activities are offered?_____

   _____

2. What is available after you work out?_____

   _____

3. What special excursions are offered? _____

   _____

4. What do you have to do to get the excursions in the package? _____

   _____

■ PREMIERE ETAPE

7-1 Madame Dupuis is trying to get her son, Marc, to wake up and go to school. Listen to their conversation. Then check Marc's complaints and summarize the situation in English.

1. Check the symptoms that Marc complains of.

_____ sore throat

_____ headache

_____ feels weak

_____ stomachache

_____ runny nose

_____ couldn't sleep

2. Briefly summarize the situation and the outcome.

_____

_____

_____

7-2 Listen to this message Habib left for his father on the answering machine and then answer the questions in English.

1. Where is Habib calling from? _____

2. Why is he there?_____

_____

3. How is he feeling?_____

_____

4. What does he want his father to do? _____

5. Where can his father find him?_____

Additional Listening Activities

■ DEUXIEME ETAPE

7-3 Armand goes to see his friend and doctor, Jean-Paul, for a check-up. Listen to their conversation and then decide whether these statements are true or false.

	True	False	
1.	_____	_____	Armand goes to see the doctor regularly.
2.	_____	_____	Armand is feeling fit.
3.	_____	_____	The doctor prescribes a better diet.
4.	_____	_____	Armand readily accepts the doctor's advice.
5.	_____	_____	The doctor does push-ups every morning.
6.	_____	_____	The doctor suggests they go to the gym to exercise.
7.	_____	_____	They agree to meet on Sunday at 7:00 A.M.
8.	_____	_____	They're going to meet at the doctor's house.

7-4 Armand and his doctor-friend, Jean-Paul, have gone to the park together. Listen carefully and then answer the questions in English.

1. How does Armand do on his workout with Jean-Pierre?

   _____

2. What does Armand's sister do to stay in condition?

   _____

3. What does Jean-Pierre advise Armand to do to cure his back pain?

   _____

4. What do Jean-Pierre and Armand decide to do next?

   _____

French 2 Allez, viens!, Chapter 7

■ TROISIEME ETAPE

7-5 Danièle has just received the results of her check-up from her doctor. Listen as she reads the letter aloud to herself. Then complete in French the chart the doctor used as the basis for the letter.

Nom _Sorel_____ Prénom _Danièle_____

Etat de santé général : _presque parfait_____

Niveau de cholestérol : _trop élevé_____

Conseils :

Faire plus de (d') _____

Manger plus de _____

Manger moins de _____

Eviter de _____

Ne pas consommer trop de _____

Ne pas sauter de_____

7-6 Madame Chabert and her three children, Alice, Philippe, and Denise, are having dinner. Listen to their conversation and then describe in English the unhealthy habits of the children.

Alice : _____

_____

Philippe : _____

_____

Denise : _____

_____

Additional Listening Activities

Song: *Nous n'irons plus au bois*

Nous n'irons plus au bois,

Les lauriers sont coupés.

La belle que voilà,

La ferons-nous danser!

REFRAIN

Entrez dans la danse,

Voyez comme on danse,

Sautez, dansez,

Embrassez qui vous voudrez!

La belle que voilà,

La ferons-nous danser!

Mais les lauriers du bois,

Les ferons-nous faner?

REFRAIN

Mais les lauriers du bois,

Les ferons-nous faner?

Non, chacune, à son tour,

Ira les ramasser.

REFRAIN

This song is recorded on *Audio Compact Discs,* CD 7, Track 28.
Although it is presented with this chapter, it may be used at any time.

Student Response Forms

7 Ecoutons!

Ecoute ces élèves. Qu'est-ce qui leur manque?

a.

b.

c.

d.

1. Sylvie _____

2. Emile _____

3. Francine _____

4. Bertrand _____

11 Ecoutons!

Listen to the conversation between Justin and his cousin Mamadou, who has just moved to Abidjan to go to school. List three things Mamadou misses about his village. What do he and Justin decide to do?

Mamadou misses _____

_____

_____

Mamadou and Justin decide to _____

_____

_____

0

Student Response Forms

17 Ecoutons!

Yapo interviewe son professeur sur son enfance. Ecoute l'interview. Ensuite, lis ses notes. Sont-elles correctes? Corrige les erreurs s'il y en a.

> Elle était pénible; elle ennuyait sa mère.
> Elle aidait sa mère; elle faisait la cuisine avec elle.
> Elle taquinait ses deux frères.
> Elle ne faisait jamais de bêtises.

_____
_____
_____
_____

19 Ecoutons!

Ecoute la grand-mère de Sandrine qui parle de son enfance. Est-ce que ces phrases sont vraies ou fausses?

	Vrai	Faux
1. According to Sandrine's grandmother, life was easier when she was young.	_____	_____
2. Girls went to school.	_____	_____
3. Girls worked harder.	_____	_____
4. She misses her childhood.	_____	_____

27 Ecoutons!

Justin is giving Mamadou a tour of Abidjan. Listen to the following conversations. Where is each one taking place?

1. _____   **a.** devant un maquis

2. _____   **b.** devant une mosquée

3. _____   **c.** près d'un marché d'artisans

4. _____   **d.** à la cathédrale

                                         e. près du marché de Cocody

Mise en pratique 2

Adamou just moved from Abidjan to a small village. Listen as he talks about what life was like in the city and what it's like now that he lives in a village. Then list three things in English that Adamou used to do in Abidjan and two things he mentions about the village.

What Adamou used to do in Abidjan:

1. _____

2. _____

3. _____

What Adamou mentions about the village:

1. _____

2. _____

■ PREMIERE ETAPE

8-1 Brian, a young American exchange student from Austin, Texas, is spending a semester in Côte d'Ivoire. Between classes at school, he's talking with Célestine, a young Ivorian girl. Listen to their conversation and then decide whether these statements are true **(vrai)** or false **(faux)**.

	Vrai	Faux	
1.	_____	_____	Brian regrette un peu le Texas.
2.	_____	_____	Abidjan est plus animé que le Texas.
3.	_____	_____	C'est tellement plus dangereux au Texas.
4.	_____	_____	Ce qui manque à Célestine, c'est son village.
5.	_____	_____	Ce qui manque à Brian, c'est de se baigner.
6.	_____	_____	Brian aime nager parce que c'est relaxant.
7.	_____	_____	Célestine et Brian vont aller à la plage cette semaine.

8-2 Monsieur Briquet's grandchildren, Denise and Patrick, want to know what life was like when their grandfather was young. Listen to their conversation. Then write down briefly in English three things Monsieur Briquet says about life in the past, three things he says about life in the present, and his prediction for the future. Finally, try the bonus question.

In the past, . . .

1. _____

_____

2. _____

_____

3. _____

_____

In the present, . . .

1. _____

_____

2. _____

_____

3. _____

_____

In the future, . . .

_____

_____

Does Monsieur Briquet miss life as it used to be? Why or why not?

_____

_____

French 2 Allez, viens!, Chapter 8

Additional Listening Activities

■ DEUXIEME ETAPE

8-3 Listen to this entry in a poetry contest sponsored by a newspaper in Abidjan. Then answer the questions that follow in English.

1. Who do you think **elle** refers to? _____

2. What two things did the writer and the girl do when they were little?

   _____

   _____

3. What is their life like now? _____

   _____

4. How would you describe the writer's feelings? _____

   _____

8-4 Jean-Jacques is being interviewed by Monsieur Solignac for a job as a counselor in a summer camp. Listen to the interview and then complete Monsieur Solignac's report of the interview.

Colonie de vacances SOLIGNAC

Poste : _animateur_

Nom : _Gémeaux_

Prénom : _Jean-Jacques_

Age : _____

Intérêts : _____

Quand il était jeune,

   il aimait _____

   il faisait _____

   il détestait _____

Maintenant,

   il aime _____

   _____

Points négatifs : _____

   _____

■ TROISIEME ETAPE

8-5 It's raining so Serge and Marina decide to play a board game called **Richesses du monde.** Listen to what they say and then fill in the chart below according to Serge's answers.

Question	Right	Wrong	No answer	Answer should be
1.				
2.				
3.				

8-6 Jean has just returned from Côte d'Ivoire. He meets his friend Karim on the street. Listen to their conversation. Then number the pictures in the order in which the boys mention them. Not all the pictures will be mentioned. Finally, answer the questions that follow in English.

_____

_____

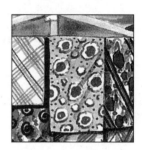

_____

_____

_____

_____

Where did Jean spend most of his time in Côte d'Ivoire?

_____

What did Jean bring back from Côte d'Ivoire?

_____

Nom_____ Classe_____ Date_____

Additional Listening Activities

COPYING MASTERS

Song: *Dansons la capucine*

Dansons la capucine
Y a pas de pain chez nous
Y en a chez la voisine
Mais ce n'est pas pour nous.

Dansons la capucine
Y a pas de vin chez nous
Y en a chez la voisine
Mais ce n'est pas pour nous. You!

Song: *Vent frais*

CANON

Vent frais, vent du matin,
Soulevant le sommet des grands pins,
Joie du vent qui souffle,
Allons dans le grand vent.

These songs are recorded on *Audio Compact Discs,* CD 8, Tracks 25-26.
Although they are presented with this chapter, they may be used at any time.

French 2 Allez, viens!, Chapter 8

Student Response Forms

7 Ecoutons!

Ecoute Raoul et Philippe qui sont au café Les Deux Garçons en train de parler de la fête d'hier soir. D'après leur conversation, comment étaient leurs amis?

1. Kim _____   **a.** énervé(e)

2. Serge _____   **b.** mal à l'aise

3. Maria _____   **c.** inquiet (inquiète)

4. Maud _____   **d.** gêné(e)

5. Victor _____   **e.** de bonne humeur

6. Guillaume _____ **f.** déprimé(e)

                 g. furieux (furieuse)

                 h. de mauvaise humeur

11 Ecoutons!

Listen as Cédric asks his friends why Pascale doesn't talk to him. Does he accept or reject the explanations they offer?

	Accepts	Rejects
1.		
2.		
3.		
4.		

Student Response Forms

15 Ecoutons!

(Open your textbook to page 262.) Regarde les images à la page 262 de ton livre. Ecoute Catherine qui décrit ses amis. De qui parle-t-elle?

a. Marie   **b.** Romain   **c.** Thibaut   **d.** Amina   **e.** Didier

1. _____   2. _____   3. _____   4. _____   5. _____

17 Ecoutons!

Ecoute ces conversations et choisis l'image qui correspond à chaque conversation.

a.

b.

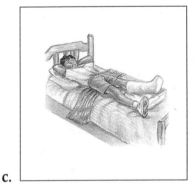

c.

d.

1. _____   2. _____   3. _____   4. _____

24 Ecoutons!

Ecoute l'histoire de Caroline. Remets les images suivantes en ordre d'après son histoire.

| a. | b. | c. | d. |

1. _____   2. _____   3. _____   4. _____

Mise en pratique 2

Manon and Tristan are discussing what happened to their friend Eléonore yesterday. Listen to their conversation, and then answer the questions below.

1. What happened to Eléonore on her way to meet Laurent?

   _____

   _____

2. Was Laurent in a good mood at the café? Why or why not?

   _____

   _____

3. What happened when Eléonore finally arrived at the café?

   _____

   _____

4. Why does Manon think Laurent reacted the way he did? What explanation does she give?

   _____

   _____

5. Does Tristan agree with Manon in the end?

   _____

   _____

■ PREMIERE ETAPE

9-1 Listen to this commercial and complete the sentences in English. Then give your reaction to the commercial in French.

1. The person speaking is a _____ .

2. This commercial is aimed at people who are _____ and _____
   and who have problems with their _____ , their
   _____ , or their _____ .

3. The commercial promises that people who take advantage of the service will regain their
   _____ and their _____ .

4. Those who would like to respond can phone _____ .

Do you reject or believe the claims this commercial makes? Give your reaction in French.

_____

9-2 Odile has asked her friend Dominique to drop by. Listen as the girls talk. Then answer the questions below in English.

1. How does Odile look when Dominique arrives?

   _____

2. What does Dominique think might be the problem?

   _____

3. What is the real reason for Odile's mood?

   _____

4. What is Odile thinking of doing?

   _____

5. In Dominique's opinion, what is wrong with Odile?

   _____

6. What does Dominique do to cheer Odile up?

   _____

Additional Listening Activities

■ DEUXIEME ETAPE

9-3 Lien telephones her friend Sylvain. Listen to their conversation and then decide whether these statements are true or false.

	True	False	
1.	_____	_____	She's not in a good mood.
2.	_____	_____	Lien had an argument with her parents.
3.	_____	_____	She was grounded.
4.	_____	_____	Lien's parents grounded her for taking out the family car.
5.	_____	_____	Lien had a bad accident with the car.
6.	_____	_____	She calls Sylvain because she's afraid her mother will be angry.
7.	_____	_____	Lien is calling from home.
8.	_____	_____	Sylvain is a mechanic.
9.	_____	_____	Sylvain and his friend will be there in half an hour to help Lien.

9-4 Raïssa is excited about something. Listen as she tells her friend Habib all about it. Then imagine that Habib is telling the American exchange student at school what Raïssa told him. He didn't get the story straight. Underline any incorrect details in Habib's account and rewrite his account with the correct information.

"Did you hear the latest? It seems that Fabienne moved to the island of Oléron. During the vacation, she met a famous actor. I thought that was unbelievable. She fell for this guy. Unfortunately, she was leaving the next day. So, this guy says he'll write to her. Raïssa knows him. Fabienne is going to meet this guy Sunday. What do you think about that?"

_____

_____

_____

_____

_____

_____

■ TROISIEME ETAPE

9-5 Bernard is asking his friend Armand what he did during the summer vacation. Listen to their conversation and choose the correct completion for each of the sentences below. Then listen again and answer the question that follows in English.

1. D'abord, Armand a travaillé... _____   **a.** comme guide.

2. Ensuite, il a trouvé un job... _____   **b.** dans un restaurant.

3. Après ça, il a travaillé... _____   **c.** dans une ferme.

4. Finalement, il a travaillé... _____   **d.** dans un garage.

Why did Armand leave each of the jobs?

1. _____

2. _____

3. _____

4. _____

9-6 Pierre arrives late at school. His teacher, Monsieur Lacraie, isn't very pleased. Listen to their conversation and then answer these questions in English.

1. Why is the teacher so angry when Pierre arrives late today?

_____

2. What excuse has Pierre already used for being late?

_____

3. What excuse does he give this time?

_____

4. What punishment does the teacher give him?

_____

5. What does the teacher say he is going to do?

_____

6. What proof does Pierre offer that he's not lying?

_____

Additional Listening Activities

Song: *Le Bon Roi Dagobert*

1. Le bon roi Dagobert
   A mis sa culotte à l'envers.
   Le grand Saint Eloi lui dit : «O mon roi!
   Votre Majesté est mal culottée.»
   «C'est vrai, lui dit le roi,
   Je vais la remettre à l'endroit.»

2. Le bon roi Dagobert
   Faisait peu sa barbe en hiver.
   Le grand Saint Eloi lui dit : «O mon roi!
   Il faut du savon pour votre menton.»
   «C'est vrai, lui dit le roi,
   As-tu deux sous? Prête-les-moi!»

3. Le bon roi Dagobert
   Se battait à tort, à travers.
   Le grand Saint Eloi lui dit : «O mon roi!
   Votre Majesté se fera tuer.»
   «C'est vrai, lui dit le roi,
   Mets-toi bien vite devant moi.»

4. Le bon roi Dagobert
   Chassait dans les plaines d'Anvers.
   Le grand Saint Eloi lui dit : «O mon roi!
   Votre Majesté est bien essoufflée!»
   «C'est vrai, lui dit le roi,
   Un lapin courait après moi.»

5. A Saint Eloi, dit-on
   Dagobert offrit un dindon.
   «Un dindon à moi! lui dit Saint Eloi,
   Votre Majesté a trop de bonté.»
   «Prends donc, lui dit le roi,
   C'est pour te souvenir de moi.»

This song is recorded on *Audio Compact Discs,* CD 9, Track 25.
Although it is presented with this chapter, it may be used at any time.

French 2 Allez, viens!, Chapter 9

7 Ecoutons!

Mohammed's friends all come to him with their problems. Choose the picture that illustrates each friend's problem. Then imagine the dialogue about the remaining picture.

a.

b.

c.

d.

1. _____   2. _____   3. _____

Write the dialogue for the remaining picture.

_____

_____

_____

_____

10 Ecoutons!

Lucie s'est disputée avec son copain Luc et elle demande des conseils à ses amis. Qu'est-ce que chaque personne lui conseille de faire? Qu'est-ce que toi, tu lui conseillerais de faire?

1. Hubert : _____

2. Florence : _____

3. Jacques : _____

4. Marie : _____

Et toi? _____

Student Response Forms

16 Ecoutons!

Caroline is asking her family to help her get ready for her party tonight. Do they say they'll help or do they make excuses?

	Says he/she will help	Makes excuses
1.		
2.		
3.		
4.		
5.		

18 Ecoutons!

Pascale et Jean-Claude font des préparatifs pour la fête de Pascale. Qu'est-ce que Pascale va faire? Et Jean-Claude?

Pascale	Jean-Claude
_____	_____
_____	_____
_____	_____
_____	_____
_____	_____
_____	_____

Student Response Forms

25 Ecoutons!

Listen to the following conversations you overhear in the hall. Why is each person apologizing? Does the other person accept the apology or reproach him or her?

	Reason for apology	Accept	Reproach
1.			
2.			
3.			

Mise en pratique 1

Listen as several teenagers call in to a radio talk show for advice. Match the host's responses to the problems. What other advice would you give?

1. _____   **a.** Tu devrais aller la chercher au parc.

2. _____   **b.** D'abord, tu aurais dû étudier! Maintenant, tu devrais leur dire combien tu as eu à ton interro.

3. _____

4. _____   **c.** Explique-leur ce qui s'est passé.

　　　　　　 d. C'est ridicule! Va à la fête et parle-lui.

Your advice: _____

_____

_____

_____

■ PREMIERE ETAPE

10-1 Corinne goes to see her friend Sandrine because she's having some problems with her boyfriend, Eric. Listen to the conversation and then answer the questions below in English.

1. What did Jean-Pierre tell Corinne that upset her?

   _____

2. What explanation does Corinne imagine?

   _____

3. What explanation does Sandrine offer?

   _____

4. What does Sandrine think Corinne should do?

   _____

5. What joke does Sandrine make at the end of the conversation?

   _____

10-2 Doctor Guéritout has a radio talk show. She gives advice to people who call in about their problems. Listen to the next caller. Then complete the doctor's notes in English.

CALLER # 3

PROBLEM:

With whom? _____

Why? _____

_____

ANALYSIS:

_____

_____

ADVICE:

_____

_____

_____

COPYING MASTERS

Additional Listening Activities

■ DEUXIEME ETAPE

10-3 Danièle is talking with her friend Hélène. A surprise is in store for both of them. Listen carefully and then complete the following sentences in English.

1. Danièle asks Hélène to _____

_____

2. Danièle can't because _____

_____

3. Hélène is surprised because _____

_____

4. To get their revenge, Danièle and Hélène are going to _____

_____

_____

10-4 Several of Didier's friends have agreed to help him plan a birthday party for Claire. Listen as he asks Pauline to help him, too. Write down in English what everyone is going to do to help and then complete Didier's invitation to the party in French.

Pauline: _____

Charles: _____

Monique: _____

C'est

L'ANNIVERSAIRE

de _____

Date : _____

Heure : _____

Chez : _____

R.S.V.P. : *02.40.38.09.22.*

Ça va être super!

French 2 Allez, viens!, Chapter 10

■ TROISIEME ETAPE

10-5 Antoine phones his friend Mathilde at seven o'clock in the evening. Listen to their conversation and then decide whether the statements are true or false.

	True	False	
1.	_____	_____	Mathilde was expecting Antoine's phone call.
2.	_____	_____	Antoine is sick.
3.	_____	_____	Mathilde is angry because Antoine doesn't apologize.
4.	_____	_____	Both agree that Antoine should have called earlier.
5.	_____	_____	Antoine forgot that it was his mother's birthday.
6.	_____	_____	The two were planning to go out this evening.
7.	_____	_____	Mathilde is unforgiving.

10-6 Josette is waiting for her mother to come home. She has something to tell her. Listen to the conversation and then complete the following sentences in French.

1. Quand sa mère rentre, Josette est dans la _____.

2. Sa mère a passé une _____ journée.

3. Josette a une _____ nouvelle.

4. Elle faisait le _____ quand elle a cassé un _____ .

5. Sa mère n'est pas _____; elle pardonne à Josette.

6. Josette et sa mère vont aller au _____ pour fêter la promotion de sa mère.

Additional Listening Activities

Song: *Vive la rose*

Mon ami me délaisse,
O gué! Vive la rose!
Mon ami me délaisse,
O gué! Vive la rose!
Je ne sais pas pourquoi,
Vive la rose et le lilas!
Je ne sais pas pourquoi,
Vive la rose et le lilas!

Il va-t-en voir une autre.
O gué! Vive la rose! [bis]
Qu'est plus riche que moi,
Vive la rose et le lilas! [bis]

On dit qu'elle est plus belle,
O gué! Vive la rose! [bis]
Bien plus belle que moi,
Vive la rose et le lilas! [bis]

On dit qu'elle est malade,
O gué! Vive la rose! [bis]
Peut-être elle en mourra,
Vive la rose et le lilas! [bis]

Mais si elle meurt dimanche,
O gué! Vive la rose! [bis]
Lundi on l'enterrera,
Vive la rose et le lilas! [bis]

Mardi, il reviendra me voir,
O gué! Vive la rose! [bis]
Mais je n'en voudrai pas!
Vive la rose et le lilas! [bis]

Mon ami me délaisse,
O gué! Vive la rose! [bis]
Je ne sais pas pourquoi,
Vive la rose et le lilas! [bis]

This song is recorded on *Audio Compact Discs,* CD 10, Track 25.
Although it is presented with this chapter, it may be used at any time.

French 2 Allez, viens!, Chapter 10

7 Ecoutons!

Romain and his friend Djé Djé, who is visiting from Côte d'Ivoire, are trying to decide which concert to go to during the **Fête de la musique.** Which singers and groups is Djé Djé familiar with?

	Familiar	Not Familiar
Vanessa Paradis		
Zouk Machine		
Céline Dion		
Patrick Bruel		

12 Ecoutons!

Listen as Pascale asks her friends what music they like. What type(s) of music does each one like best?

a. la musique classique   **e.** le blues

b. le jazz   **f.** le country/le folk

c. le rock   **g.** la pop

d. le rap   **h.** le reggae

1. Arnaud _____   **2.** Magali _____   **3.** Thierry _____

4. Elodie _____   **5.** Christian _____

Student Response Forms

19 Ecoutons!

Ecoute la conversation entre Béatrice et Fabien qui essaient de décider quel film aller voir. Puis, complète les phrases suivantes.

1. On joue...
   a. *Astérix chez les Bretons, Germinal, Jules et Jim.*
   b. *Astérix chez les Bretons, Le Fugitif, Germinal.*
   c. *Astérix chez les Bretons, Profil bas, Germinal.*

2. *Germinal* est avec...
   a. Patrick Bruel.
   b. Isabelle Adjani.
   c. Gérard Depardieu.

3. Ça passe au...
   a. Gaumont Gobelins, Gaumont Les Halles, 14 Juillet.
   b. Gaumont Les Halles, 14 Juillet, Gaumont Alésia.
   c. Gaumont Alésia, Gaumont Gobelins, UGC Georges V.

4. Ça commence à...
   a. 18h20 et à 20h50.
   b. 18h15 et à 19h50.
   c. 17h20 et à 20h30.

22 Ecoutons!

Ecoute Nadège et Emile qui essaient de décider quel film aller voir. Quels genres de films est-ce qu'Emile suggère?

_____ les westerns

_____ les films comiques

_____ les films d'horreur

_____ les films de science-fiction

_____ les films d'amour

_____ les films policiers

_____ les films classiques

_____ les films d'aventures

_____ les films d'action

French 2 Allez, viens!, Chapter 11

29 Ecoutons!

Ecoute Luc et Perrine parler de *La Cantatrice chauve, Daïren* et *Calvin et Hobbes.* Qu'est-ce que Luc aime? Et Perrine?

	La Cantatrice chauve	*Daïren*	*Calvin et Hobbes*
Luc aime			
Perrine aime			

31 Ecoutons!

Ecoute ces clients demander des livres au vendeur d'une librairie. Quel est le genre de chaque livre?

1. un roman de Simenon _____   **a.** une B.D.

2. *La Reine Margot* _____   **b.** un roman d'amour

3. les œuvres de Rimbaud _____   **c.** un polar

4. *La Florentine* _____   **d.** un livre de poésie

5. les œuvres complètes de Tintin _____   **e.** un classique

Mise en pratique 2

Listen as Martin and Janine, two radio film reviewers, give their opinions of *La Rue Cases-Nègres,* which is playing at the **Festival français de musique de films.** Then answer the questions.

1. Where does the film take place? _____

2. What happens in the movie? _____

_____

3. Did Martin like the film? Why or why not? _____

_____

_____

Did Janine? Why or why not?_____

_____

_____

■ PREMIERE ETAPE

11-1 Two friends, Sybille and Laurent, are thumbing through a magazine and commenting on the stars who are featured. Listen to their conversation. Then choose the words that are associated with each of the celebrities mentioned. Connect the words by drawing lines to the celebrities.

Robert Charlebois

Bob Marley

Johnny Clegg

reggae

Afrique du Sud

pop-rock

acteur

le Zoulou Blanc

chanteur canadien

11-2 Monsieur Lambert, the music teacher, is conducting class. Listen to the lesson and then decide whether the statements that follow are true or false.

True   **False**

_____   _____   1. The teacher wants to know what kind of music the students prefer.

_____   _____   2. Today, the class is going to learn some songs.

_____   _____   3. Marcel doesn't like American music because he doesn't understand the words.

_____   _____   4. Marcel thinks Joan Baez is a rock star.

_____   _____   5. Soumia is familiar with a rapper from Texas.

_____   _____   6. Marcel correctly identifies Louis Armstrong.

_____   _____   7. At the end of the class, the teacher plays some music the students enjoy.

Additional Listening Activities

◼ DEUXIEME ETAPE

11-3 Martin and Oumar are looking through the movie section of the weekly entertainment guide *L'Officiel des spectacles.* Listen to them decide which film to see. Then complete the movie ad below in French by giving the name of the movie theater, the types of films being shown, and the times of their showings. Finally, answer the questions in English.

CINE _____

Star Trek®	*Brigade anti-gang*	*Le Professionnel*
Un film de (d')	Un film	Un film de (d')
_____	_____	_____
à	à	à
_____	_____	_____

1. Why can't Martin go to see *Star Trek?*

    _____

2. What film do Martin and Oumar decide to see?

    _____

11-4 Frédéric Marchand is introducing his Tuesday-night television show *Ciné hebdo : les films de la semaine.* Listen carefully and match the films he mentions with their descriptions.

1. _____ C'est inspiré d'une série télé.

2. _____ C'est un film comique.

3. _____ C'est un classique qui revient à l'écran.

4. _____ C'est un film d'aventures.

5. _____ C'est un film d'horreur.

6. _____ C'est un western.

a. *Les Enfants du paradis*

b. *Le Fugitif*

c. *Les Visiteurs*

d. *Frankenstein*

e. *La Dernière Tribu*

■ TROISIEME ETAPE

11-5 You're spending the summer vacation in Paris. While relaxing on the terrace of a café, you overhear a conversation between two students at the next table. Listen to what they say and answer the following questions in English.

1. What type of book did Gérard de Villiers write?_____

2. Who are the two main characters in the story?

_____

3. What does the boy think of this book?

_____

4. Will the girl take the boy's recommendation? Why or why not?

_____

5. What is the girl reading now? _____

6. Is this a modern novel? _____

7. What does the boy think of this novel?

_____

8. What does the girl think of it?

_____

9. What does the boy think of the film version of this novel?

_____

11-6 Isabelle has won a contest sponsored by a publisher for the best essay of the year. Her prize has just arrived in the mail. She opens the package and examines her gifts. Listen to her reactions. Then match the prizes she receives with the clues.

1. _____ It's a comic book.

2. _____ It seems interesting.

3. _____ It's too long.

4. _____ It's a video.

5. _____ It's a science-fiction novel.

6. _____ Isabelle is going to start with this one.

7. _____ It will make a good birthday present for Pierre.

a. a biography of Tolstoï

b. Rimbaud's poetry

c. *Le Meilleur des mondes* de Aldous Huxley

d. *Livres et écrivains de dix-neuf cent quatre-vingt-quatorze*

Additional Listening Activities

Song: *Une perdriole*

Le premier jour de mai,
Que donnerai-je à ma mie? [bis]
Une perdriole qui va,
Qui vient, qui vole,
Une perdriole qui vole
Dans ces bois.

Le deuxième jour de mai,
Que donnerai-je à ma mie? [bis]
Deux jolis merles,
Une perdriole qui va,
Qui vient, qui vole,
Une perdriole qui vole
Dans ces bois.

Le troisième jour de mai,
Que donnerai-je à ma mie? [bis]
Trois petits chats blancs,
Deux jolis merles,
Une perdriole qui va,
Qui vient, qui vole,
Une perdriole qui vole
Dans ces bois.

Le quatrième jour de mai,
Que donnerai-je à ma mie? [bis]
Quatre canards en l'air,
Trois petits chats blancs,...

Le cinquième jour de mai,
Que donnerai-je à ma mie? [bis]
Cinq grenouilles vertes,
Quatre canards en l'air,...

Le sixième jour de mai,
Que donnerai-je à ma mie? [bis]
Six chiens courant,
Cinq grenouilles vertes,...

Le septième jour de mai,
Que donnerai-je à ma mie? [bis]
Sept vaches à lait,
Six chiens courants,
Cinq grenouilles vertes,...

This song is recorded on *Audio Compact Discs*, CD 11, Track 26.
Although it is presented with this chapter, it may be used at any time.

French 2 Allez, viens!, Chapter 11

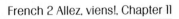

7 Ecoutons!

Stéphane est à Montréal. Il essaie de choisir quel parc il veut visiter. Ecoute les informations que l'office de tourisme lui donne et décide de quel parc on parle. Aide-toi du plan à la page 347 de ton livre.

1. _____   4. _____

2. _____   5. _____

3. _____

10 Ecoutons!

Francine est revenue d'une excursion dans le parc de la Jacques-Cartier. Quels animaux est-ce qu'elle a vus?

un orignal ____

un ours ____

un loup ____

un écureuil ____

un renard ____

un raton laveur ____

une mouffette ____

un canard ____

Nom_____ Classe_____ Date_____

14 Ecoutons!

Ecoute ces personnes qui parlent de leurs week-ends. Fais une liste de ce que chaque groupe d'amis a fait.

a. picnicking

d. hiking

g. canoeing

b. fishing

e. camping

h. mountain biking

c. skiing

f. sailing

i. swimming

1. _____

2. _____

3. _____

24 Ecoutons!

Ecoute Bénédicte et ses copains qui font une randonnée dans le parc. Choisis le dessin qui correspond à chaque conversation.

a.

b.

c.

1. _____

2. _____

3. _____

French 2 Allez, viens!, Chapter 12

Student Response Forms

29 Ecoutons!

Séverine raconte son week-end au parc du Saguenay à son ami Guillaume. Ecoute, puis réponds aux questions.

1. Quel temps faisait-il? _____

2. Qu'est-ce qu'elles ont fait là-bas? _____

   _____

3. Est-ce que Monique était de bonne ou de mauvaise humeur? _____

   Pourquoi? _____

   _____

Mise en pratique 2

Béatrix and her brother Etienne are spending the weekend at the **parc de la Gaspésie.** Listen to their conversation and answer the questions below.

1. What are Etienne and Béatrix doing?

   _____

2. What are two things Etienne complains about?

   _____

3. Why does Etienne ask Béatrix if she brought the first-aid kit?

   _____

4. What are Béatrix's plans for the afternoon?

   _____

5. What are Etienne's plans for the afternoon?

   _____

■ PREMIERE ETAPE

12-1 Maxime has just arrived from Paris to spend the vacation with his friend Sean in Austin, Texas. Sean really wants to show him Big Bend National Park. Listen as the two friends talk about the trip. Then check the photos of the animals and the activities mentioned.

a.
_____

b.
_____

c.
_____

d.
_____

e.
_____

f.
_____

g.
_____

h.
_____

i.
_____

j.
_____

12-2 In a supermarket, Jacques Hadit, a TV game-show host, is playing a game with the customers. They have to ask questions to try to guess which country Jacques Hadit is thinking of. The person who guesses correctly wins a free vacation in that country. Listen carefully and choose the correct completion for each sentence. You may be a winner!

1. The country is located . . . of France.
   a. south
   b. east
   c. north

2. In this country you can . . .
   a. water ski.
   b. play golf all year.
   c. snowshoe.

3. In this country you can see . . .
   a. wolves.
   b. elephants.
   c. kangaroos.

Take a guess!

4. The country is probably . . .
   a. England.
   b. Norway.
   c. Spain.

Additional Listening Activities

■ DEUXIEME ETAPE

12-3 Two friends, Frédéric and Aminata, are spending the day hiking in the mountains. Listen to their conversation and then answer these questions in English.

1. Can you describe at least three of Frédéric's complaints?

   a. _____

   b. _____

   c. _____

2. What time of year is it?

   _____

3. How does Aminata try to encourage Frédéric?

   _____

4. What idea does Aminata have that appeals to Frédéric?

   _____

5. What is Frédéric looking forward to when they get back?

   _____

12-4 Jean is leaving on his first camping trip with some friends. He asks his father what he should bring. Check the items in the list below that his father recommends. Then answer the question below in English.

1. _____ a first-aid kit

2. _____ matches

3. _____ something to cut wood with

4. _____ a flashlight

5. _____ food

6. _____ firewood

7. _____ a sleeping bag

8. _____ something to feed the animals

9. _____ insect repellant

10. _____ trash bags

11. _____ a tent

What additional item did his father remind him of that Jean is not going to bring?

_____

■ TROISIEME ETAPE

12-5 Claude wants to know what Dominique did during the weekend. Listen to their conversation. Then decide whether these statements are true or false.

True   **False**

1. _____   _____   Dominique and his friends went canoeing.

2. _____   _____   They lost their compass when the canoe tipped over in the rapids.

3. _____   _____   The weather was bad.

4. _____   _____   They brought too much gear with them.

5. _____   _____   They camped overnight on a small island.

6. _____   _____   They didn't see any animals.

7. _____   _____   At night they talked and sang around the fire.

8. _____   _____   When they reached the end of their journey, they took a bus home.

12-6 Audrey is telling a joke to her friend Nicolas. Listen to the story and then complete these activities.

1. Describe the main character in the joke.

_____

2. Make a list of the other characters and what they do.

a. _____   _____

b. _____   _____

c. _____   _____

d. _____   _____

3. Choose the statement that tells what you think of this joke . . .
   a. C'est bête.
   b. C'est drôle.

   . . . or write a statement of your own in French, telling what you think of the joke.

_____

Additional Listening Activities

Song: *Voilà le bon vent*

Derrière chez nous, y a-t-un étang,
Derrière chez nous, y a-t-un étang,
Trois beaux canards s'y vont baignant.
REFRAIN

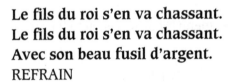

V'là l'bon vent, v'là l'joli vent,
V'là l'bon vent, ma mie m'appelle.
V'là l'bon vent, v'là l'joli vent,
V'là l'bon vent, ma mie m'attend.

Trois beaux canards s'y vont baignant,
Trois beaux canards s'y vont baignant.
Le fils du roi s'en va chassant.
REFRAIN

Le fils du roi s'en va chassant.
Le fils du roi s'en va chassant.
Avec son beau fusil d'argent.
REFRAIN

Avec son beau fusil d'argent.
Avec son beau fusil d'argent.
Visa le noir, tua le blanc.
REFRAIN

Visa le noir, tua le blanc.
Visa le noir, tua le blanc.
O fils du roi, tu es méchant.
REFRAIN

O fils du roi, tu es méchant.
O fils du roi, tu es méchant.
Tu as tué mon canard blanc.
REFRAIN

This song is recorded on *Audio Compact Discs,* CD 12, Track 30.
Although it is presented with this chapter, it may be used at any time.

COPYING MASTERS

Scripts and Answers for
Textbook Listening Activities
and
Additional Listening Activities

Chapter 1	101
Chapter 2	107
Chapter 3	112
Chapter 4	117
Chapter 5	122
Chapter 6	127
Chapter 7	132
Chapter 8	137
Chapter 9	142
Chapter 10	147
Chapter 11	152
Chapter 12	157

Première étape

5 Ecoutons!

1. Pour lui, le sport est très important. Il a dix-sept ans et il est très sympa.
2. Il s'appelle Félix et il est très gros.
3. Elle a trente-neuf ans, mais elle est très jeune de caractère.
4. Elle aime les magasins, le cinéma et la musique.
5. Il a quarante-deux ans et il travaille dans un bureau d'informatique.

Answers to Activity 5

1. c
2. a
3. d
4. e
5. b

6 Ecoutons!

1. Vanessa Paradis, une chanteuse célèbre, est grande et mince. Elle a les cheveux longs et châtains et les yeux marron. Elle est aussi actrice de cinéma.
2. MC Solaar, alias Claude M'Barali, est rappeur. Il a les cheveux noirs et les yeux marron. Il est très populaire en France.
3. Elsa, une française d'origine italienne, aime chanter et faire du cinéma. Belle et mince, elle a les cheveux bruns et bouclés. Ses yeux sont bleus.
4. Patrick Bruel est chanteur et acteur de cinéma. Il est grand. Il a les cheveux bruns, bouclés et assez longs.

Answers to Activity 6

1. a
2. d
3. b
4. c

9 Ecoutons!

Bon, mon cousin Eric, il est très sympa. Il adore la musique, surtout la musique classique. Il va souvent aux concerts. Il aime aussi sortir avec des copains et jouer au basket-ball. Il adore aller se promener à la campagne avec son chien.

Ma cousine Caroline est très sociable; elle est toujours au téléphone. Elle adore sortir. Elle aime aller manger des hamburgers avec ses copains parce qu'elle est très gourmande. Caroline est aussi très sportive; elle joue souvent au tennis et au foot.

Answer to Activity 9

Caroline

Deuxième étape

16 Ecoutons!

1. — Qu'est-ce que je dois prendre?
   — Pense à prendre des lunettes de soleil, un short et un tee-shirt. Prends aussi des sandales et un maillot de bain. Bon voyage!

2. — Voyons... qu'est-ce qu'il faut prendre?
   — Prends des pulls et des bottes. Oh, un anorak, bien sûr. Et prends ton bonnet, ton écharpe et tes gants. Et pense à prendre tes lunettes de soleil.

3. — Alors... je dois prendre des jeans, des pulls et mes baskets. Quoi d'autre?
   — Ben, n'oublie pas ton passeport! C'est essentiel pour aller aux Etats-Unis!

Answers to Activity 16

1. (b) à la plage
2. (d) à la montagne
3. (c) à New York

Troisième étape

22 Ecoutons!

SANDRA Où est-ce qu'on pourrait bien aller manger ce soir? Je n'ai pas très envie de faire la cuisine. Et toi?

ETIENNE Moi non plus. Regardons dans le journal. Il y a une liste de bons restaurants. On pourrait aller dans un restaurant indien. Ça nous changerait.

SANDRA Ah, non, je n'aime pas la cuisine épicée. Il n'y a pas autre chose? Un restaurant traditionnel, peut-être?

ETIENNE Si, mais nous n'allons pas au restaurant pour manger de la cuisine traditionnelle. Maman prépare ça tous les jours.

SANDRA Si tu veux, on peut aller à la Crêperie du Cygne. J'adore les crêpes!

ETIENNE Non, je préfère le restaurant indochinois.

SANDRA Pas question!

ETIENNE Alors? Qu'est-ce qu'on fait?

SANDRA Et une pizza, ça te dit?

ETIENNE Oui, j'aime bien la cuisine italienne.

SANDRA Bien, allons à la Napolitaine. C'est pas loin d'ici.

ETIENNE D'accord. Allons-y.

Answers to Activity 22

Etienne: an Indian or Indochinese restaurant
Sandra: a traditional restaurant, la Crêperie du Cygne
They decide to go to a pizzeria.

25 Ecoutons!

Tiens, j'ai beaucoup de projets pour samedi! D'abord, le matin, je vais faire de la natation. Ensuite, je vais faire un pique-nique au parc avec des copains. On va prendre des sandwiches et des fruits. Puis, on va faire du vélo ensemble. Du vélo en plein air, c'est génial! Enfin, le soir, on va aller voir un film au cinéma. Ça va être une journée super!

Answers to Activity 25

1. b 2. c 3. a 4. d

Mise en pratique 3

Ça y est. J'ai enfin mon billet. J'arrive jeudi à dix-huit heures. C'est le vol Air France cinquante-cinq. J'ai oublié de t'envoyer une photo de moi! Alors, j'ai les cheveux bruns, je suis de taille moyenne et je vais mettre un pull rouge. Mais vous allez me reconnaître facilement. Je suis le plus beau!

Answers to Mise en pratique Activity 3

He's arriving Thursday at 6:00 P.M. on Air France flight 55. He has dark hair, is of average height, and will be wearing a red sweater.

Scripts for Additional Listening Activities • Chapitre 1

Additional Listening Activity 1-1, p. 7

Jeune homme, seize ans, sympa et sportif, yeux bleus, cheveux blonds, taille moyenne, cherche jeune fille intelligente, mignonne et gentille. De préférence de taille moyenne, yeux verts et cheveux noirs.

J'adore le camping, la planche à voile et beaucoup d'autres sports.

Appelez-moi vite au zéro quatre, douze, vingt-trois, zéro quatre, quarante-cinq après dix-neuf heures.

Additional Listening Activity 1-2, p. 7

BERNARD	Bonjour, comment tu t'appelles?
PHILIPPE	Philippe.
BERNARD	Tu as quel âge?
PHILIPPE	J'ai seize ans.
BERNARD	Qu'est-ce que tu aimes faire?
PHILIPPE	J'aime sortir, aller au café, discuter avec des copains.
BERNARD	Qu'est-ce que tu fais comme sport?
PHILIPPE	J'aime bien jouer au foot. Et à l'école, je fais du hand-ball.
BERNARD	Merci, au revoir.
PHILIPPE	Au revoir.
BERNARD	Et toi, tu t'appelles comment?
RACHIDA	Je m'appelle Rachida.
BERNARD	Tu as quel âge?
RACHIDA	J'ai seize ans.
BERNARD	Qu'est-ce que tu aimes faire, Rachida? Du sport?
RACHIDA	Non, j'aime écouter de la musique.
BERNARD	Très bien. Qu'est-ce que tu aimes comme musique?
RACHIDA	J'aime toutes sortes de musique, surtout le rock.
BERNARD	Quel est ton groupe préféré?
RACHIDA	J'adore les Garçons Bouchers.
BERNARD	Très bien, merci. Au revoir, Rachida.
RACHIDA	Au revoir.

Additional Listening Activity 1-3, p. 8

DOROTHEE Dorothée,

Un petit mot rapide pour te souhaiter un merveilleux voyage en France. Puisqu'il fait frais en ce moment là-bas, prends ton anorak. Je sais que ce n'est pas pratique à emporter, mais tu peux en avoir besoin. Pense à prendre ton passeport et ton billet d'avion. Si tu veux le prendre, j'ai laissé l'appareil-photo sur la table. J'espère que tu rencontreras des jeunes gens sympa et que tu te feras de nouveaux copains. Amuse-toi bien et sois gentille avec tes grands-parents. Je t'embrasse très fort.

Papa

Additional Listening Activity 1-4, p. 8

JACQUES	Est-ce que je peux essayer ce pantalon?
LE VENDEUR	Oui, bien sûr. La cabine d'essayage est là, au fond.
JACQUES	Merci.
	(A little later)
LE VENDEUR	Alors, ça va?
JACQUES	Je ne crois pas, non... C'est beaucoup trop long.
LE VENDEUR	Ça, ce n'est pas grave. Nous pouvons le raccourcir. C'est facile. Nous faisons toutes les retouches gratuitement.
JACQUES	De toute façon, je n'aime pas beaucoup la couleur. Vous n'avez pas le même en bleu?
LE VENDEUR	Si, nous l'avons en bleu, mais pas dans votre taille. Nous n'avons pas de quarante-six en bleu.
JACQUES	Bon. Ben, tant pis!
	(later)
JACQUES	J'aime bien cette veste, mais elle est trop petite pour moi. Vous avez la taille au-dessus?
LA VENDEUSE	Oui, nous avons un quarante-huit dans le même modèle, mais pas dans cette couleur.
JACQUES	Qu'est-ce que vous avez?
LA VENDEUSE	Je crois que j'en ai une en beige clair. Vous voulez la voir?
JACQUES	Oui. *(pause)* Elle est bien, cette veste. Je la prends.
	(later)
LE VENDEUR	Tenez, essayez ça. C'est de la très belle chaussure. Du très beau cuir. Très solide. Si vous voulez bien me donner votre pied droit... Non, non, le droit, s'il vous plaît... Oui, ça, c'est la chaussure droite... Il vaut mieux l'essayer sur le pied droit... , ça va mieux. Voilà! Ça va?
JACQUES	C'est parfait. Vous les avez en noir?
LE VENDEUR	Voyons, ça, c'est du quarante et un... Ah non, je regrette, monsieur, mais je n'ai pas ce modèle en noir.
JACQUES	Dommage. Au revoir, monsieur.

Additional Listening Activity 1-5, p. 9

	(doorbell rings)
FRANÇOISE	Oh, Christian! Quelle bonne surprise!
CHRISTIAN	Salut, Françoise. Comment vas-tu?
FRANÇOISE	Super. Et toi?
CHRISTIAN	Très bien, merci.
FRANÇOISE	C'est gentil de venir me voir.
CHRISTIAN	Si tu veux, on peut sortir.
FRANÇOISE	D'accord.
CHRISTIAN	Un petit restaurant sympa?
FRANÇOISE	C'est une bonne idée, j'ai faim.
CHRISTIAN	Ça te dit de manger chinois?
FRANÇOISE	Bof, pas trop. Je n'aime pas les restaurants chinois. En plus, c'est trop cher.
CHRISTIAN	C'est moi qui paie. Si tu veux, on peut aller Chez André.
FRANÇOISE	Sensass! J'adore ce restaurant. Laisse-moi le temps de mettre un imperméable et des bottes... Ça y est, je suis prête!
CHRISTIAN	Très bien. Allons-y.

Additional Listening Activity 1-6, p. 9

CHRISTIAN	Tu as envie de viande ou de poisson?
FRANÇOISE	On pourrait prendre les deux.
CHRISTIAN	Bonne idée.
LE SERVEUR	Vous avez choisi?
CHRISTIAN	Oui. D'abord, je vais prendre des escargots.
FRANÇOISE	Moi, j'aimerais une petite soupe du jour. Je ne suis pas gourmande.
LE SERVEUR	D'accord. Et après?
CHRISTIAN	Ensuite, pour moi, le poisson à la carte.
FRANÇOISE	Et pour moi, le filet mignon.
LE SERVEUR	Très bien. C'est tout?
CHRISTIAN	Tu dis que tu n'es pas gourmande?
FRANÇOISE	C'est ma viande préférée.
LE SERVEUR	Vous pensez prendre autre chose?
CHRISTIAN	Oui, une salade, et puis après, du fromage.
FRANÇOISE	Moi aussi, du fromage, s'il vous plaît.
CHRISTIAN	Et une bouteille d'eau minérale.
LE SERVEUR	Gazeuse ou plate?
CHRISTIAN	Plate.
LE SERVEUR	D'accord. Très bien.

Answers to Additional Listening Activities • Chapitre 1

Additional Listening Activity 1-1, p. 7

Physical features:
Eyes   *blue*
Hair   *blond*
Height   *medium*
Age   *16*

Interests:
camping
windsurfing
other sports

Additional Listening Activity 1-2, p. 7

1. vrai
2. faux
3. vrai
4. vrai
5. faux
6. faux

Additional Listening Activity 1-3, p. 8

1. Dorothée's father wishes her <u>a great trip to France.</u>
2. He reminds her to <u>take her jacket, her passport, her plane ticket, and the camera</u>.
3. He hopes she'll <u>meet some nice people and make some new friends</u>.
4. He tells her to <u>have fun and to be nice to her grandparents</u>.

Additional Listening Activity 1-4, p. 8

1. What item of clothing is Jacques interested in?
   Department 1: pants
   Department 2: sport coat, blazer
   Department 3: shoes

2. Does he buy the item or not? Why or why not?
   Department 1: No; they don't have his size in the color he likes.
   Department 2: Yes; he likes it.
   Department 3: No; they don't have the shoes in the color he wants.

Additional Listening Activity 1-5, p. 9

1. false
2. true
3. false
4. true
5. true
6. false
7. true

Additional Listening Activity 1-6, p. 9

Christian	Françoise
snails	soup
fish	steak
salad	cheese
cheese	
mineral water	

Première étape

7 Ecoutons!

1. — Bienvenue chez moi, Maryse!
   — Merci.
   — Fais comme chez toi.
   — C'est gentil de ta part.
   — Tu as fait bon voyage?
   — C'était fatigant!
2. — Bienvenue à la maison, monsieur!
   — Merci.
   — Faites comme chez vous.
   — C'est gentil.
   — Vous avez fait bon voyage?
   — Oh, ça a été, mais je suis très fatigué!
3. — Bienvenue chez nous, Tante Monique!
   — Merci.
   — Tu as fait bon voyage?
   — Excellent!

Answers to Activity 7

1. tiring   2. tiring   3. good

10 Ecoutons!

1. — Bienvenue, Stéphanie. Tu as fait bon voyage?
   — Oui, excellent.
   — Alors, entre… Fais comme chez toi.
   — C'est gentil de ta part.
   — Dis, tu n'as pas faim?
   — Si, un peu.
   — Alors, on passe à table?
2. — Bonjour, madame. Bienvenue à Chartres!
   — Oh, merci. Tu es gentil.
   — Vous avez fait bon voyage?
   — Oui, mais c'était fatigant.
   — Alors, entrez. Vous n'avez pas soif?
   — Si, un peu.
   — Tenez, voilà un verre d'eau.
3. — Salut, Ginette. Tu as fait bon voyage?
   — Oui, excellent.
   — Alors, entre… fais comme chez toi. Il est déjà midi. Tu n'as pas faim?
   — Non, ça va.

Answers to Activity 10

1. b   2. c   3. a

Deuxième étape

15 Ecoutons!

1. Mettez-le dans le salon, s'il vous plaît.
2. Ça, ça va dans la salle à manger.
3. Mettez tout ça dans le jardin.
4. Mettez-le dans la cuisine, s'il vous plaît.
5. Oh, il va dans la chambre d'Antoine.

Answer to Activity 15

1. d   2. a   3. e   4. b   5. c

18 Ecoutons!

1. Le salon est au premier étage.
2. Les toilettes sont à côté de la salle de bains.
3. Les Morel ont un jardin et un balcon.
4. La salle à manger est au rez-de-chaussée, près de la cuisine.
5. La chambre des parents a un balcon.
6. Dans la chambre d'Antoine, il y a deux lits et un joli tapis rouge.

Answers to Activity 18

1. false	3. true	5. true
2. false	4. true	6. false

22 Ecoutons!

1. SOLANGE Bon, ici, c'est le salon.
   ARNAUD Oh, j'adore le tapis.
   SOLANGE Vraiment?
2. SOLANGE Ensuite, il y a le bureau de Maman. Elle aime y travailler le soir.
   ARNAUD Dis donc, elle a un super ordinateur, ta mère.
   SOLANGE Tu trouves?
3. SOLANGE Et enfin, voilà ma chambre. Entre.
   ARNAUD Merci. Tiens, j'aime beaucoup ce poster.
   SOLANGE C'est vrai?
   ARNAUD Oui, et tu sais, Céline Dion est ma chanteuse préférée.
4. ARNAUD Elle est chouette, ta chambre.
   SOLANGE C'est gentil.

Answers to Activity 22

1. a rug	3. a poster
2. a computer	4. a bedroom

Troisième étape

26 Ecoutons!

PATRICK   Qu'est-ce qu'on va faire au-jourd'hui?

CHANTAL   On va visiter la cathédrale, bi-en sûr! Les vitraux sont mag-nifiques!

PATRICK   D'accord... mais j'ai besoin d'aller à la poste. J'ai des cartes postales à envoyer.

CHANTAL   D'accord, on va d'abord à la poste, puis à la cathédrale.

PATRICK   Tu as envie d'aller au musée des Beaux-Arts?

CHANTAL   Oui, pourquoi pas?

PATRICK   D'accord, alors on va au musée après la cathédrale. Et ensuite?

CHANTAL   Tu sais, c'est déjà beaucoup!

PATRICK   Si on allait se reposer au parc? On pourrait faire un pique-nique.

CHANTAL   Non, je n'ai pas très envie d'aller au parc. Si on allait à la piscine?

PATRICK   A la piscine? C'est une bonne idée.

CHANTAL   Alors c'est décidé. On y va!

Answers to Activity 26
- la poste, la cathédrale, le musée des Beaux-Arts, la piscine
- e, b, a, f

29 Ecoutons!

1. Bon, prenez le boulevard Chasles à droite. Traversez la place Pasteur. Continuez tout droit. C'est sur la droite, juste avant la rue des Bas-Bourgs.

2. Oh, ça, c'est facile. C'est tout près d'ici. Prenez la rue M. Violette. Vous ne pou-vez pas la manquer, c'est le grand bâti-ment sur la gauche.

3. Attendez... prenez le boulevard de la Résistance. Tournez à droite dans la rue de Gaulle. Ne la ratez pas, c'est une toute petite rue. Vous verrez, c'est sur la droite, après la rue Famin.

Answers to Activity 29
1. à la piscine
2. à la poste
3. à l'église Sainte-Foy

Mise en pratique 2

Ah, le musée? C'est simple. Voyons... Vous êtes sur la place Saint-Michel. Prenez le boulevard Saint-Michel jusqu'au boule-vard Saint-Germain. Tournez à droite. Allez tout droit. Tournez à droite dans la rue du Bac. Allez tout droit jusqu'au quai Voltaire. Le musée est là, à gauche.

Answers to Mise en pratique Activity 2
the musée d'Orsay

Additional Listening Activity 2-1, p. 15

MME POITOU	Bonjour.
RAYMOND et JULIETTE	Bonjour, madame.
RAYMOND	Est-ce que vous avez une chambre pour deux?
MME POITOU	Oui, bien sûr. Bienvenue à «Chez moi».
JULIETTE	Merci.
MME POITOU	Vous avez fait bon voyage?
RAYMOND	Oui, excellent. Merci.
MME POITOU	Vous n'avez pas faim?
RAYMOND	Si, j'ai très faim.
JULIETTE	Moi aussi. Vous faites restaurant?
MME POITOU	Oui, bien sûr. On vient juste d'ouvrir.
JULIETTE	Parfait!
MME POITOU	Votre chambre est au premier étage, au numéro huit.
JULIETTE	Merci beaucoup, madame.
MME POITOU	Et si vous avez besoin de quelque chose, je serai dans la salle à manger.
JULIETTE	D'accord.
RAYMOND	Allez, viens, Juliette. Montons voir notre chambre.

Additional Listening Activity 2-2, p. 15

CAROLE	Bonjour, Tante Paulette.
SA TANTE	Bonjour, ma petite. Non, ma grande, plutôt.
CAROLE	Tu vas bien?
SA TANTE	Très bien, merci. Et toi, tu as fait bon voyage?
CAROLE	Oui.
SA TANTE	Pas trop fatiguée?
CAROLE	Si, le voyage en train m'a crevée.
SA TANTE	Tu veux dire que le voyage en train t'a fatiguée?
CAROLE	Oui, c'est ça.
SA TANTE	Fais comme chez toi.
CAROLE	Super, merci.
SA TANTE	Tu n'as pas soif?
CAROLE	Si, je meurs de soif. Tu as du coca?
SA TANTE	Non, de l'eau et du jus de fruit.
CAROLE	Du jus de fruit, s'il te plaît.

Additional Listening Activity 2-3, p. 16

SA TANTE	Là, c'est le salon, avec la télé.
CAROLE	J'aime bien cette pièce. J'adore le tapis.
SA TANTE	A côté, c'est la cuisine.
CAROLE	Où sont les toilettes?
SA TANTE	Au premier étage, à gauche. Et à droite des toilettes, il y a ta chambre.
CAROLE	Génial.
SA TANTE	Il y a aussi un balcon avec vue sur le parc d'en face.
CAROLE	C'est vrai?
SA TANTE	Oui, oui. Et ici, c'est la salle à manger.
CAROLE	Je peux voir ma chambre?
SA TANTE	Bien sûr. Allons-y.
	(pause)
	Ça te plaît?
CAROLE	C'est génial. Ouaouh! Toutes ces étagères!... Oh! Il est cool, ce poster de Dalí!

SA TANTE	Oui! Je l'adore... Essaie le lit, si tu veux.
CAROLE	Ah, oui. Il est vraiment bien. Oh, il y a aussi une chaîne stéréo!
SA TANTE	Bon, je te laisse. Fais comme chez toi.
CAROLE	Merci. C'est gentil.

Additional Listening Activity 2-4, p. 16

A louer : Ile d'Oléron. Maison meublée (quatre pièces), au bord de la mer. A cinq minutes à pied du centre-ville.

Au rez-de-chaussée : cuisine équipée, salon avec chaîne stéréo, salle à manger avec vue sur la mer.

Au premier étage : deux très grandes chambres avec balcon, lits, armoires et commodes de rangement. Deux salles de bains, deux W.-C. indépendants.

Grand jardin avec piscine.

Cinq cents euros la semaine ou mille deux cents euros par mois.

Pour tous renseignements, téléphonez à l'agence Bermondy au zéro cinq, quarante-deux, vingt-trois, soixante-dix, zéro zéro, du lundi au vendredi, entre neuf et dix-huit heures.

Additional Listening Activity 2-5, p. 17

RAYMOND	Qu'est-ce qu'il y a à visiter en ville?
MME POITOU	Eh bien, il y a la cathédrale de Chartres, une très belle cathédrale qui date de douze cent vingt-cinq.
JULIETTE	Est-ce qu'il y a aussi des églises?
MME POITOU	La ville en est pleine.
RAYMOND	Où se trouve la cathédrale?
MME POITOU	Sur la route de l'hôpital. Tournez à droite en sortant du parking de l'auberge et allez tout droit.
RAYMOND	Et comme musée?
MME POITOU	Eh bien, il y a le musée des Beaux-Arts. C'est le plus beau musée de la ville.
JULIETTE	Il y a des théâtres ici?
MME POITOU	Oh, il y en a un. Traversez le parc. Près du musée, il y a le théâtre. Mais je pense qu'il ne s'y passe rien pendant le mois d'août. Vous voulez que je regarde?
RAYMOND	Non, merci, ça va... Alors, qu'est-ce que tu veux faire, Juliette?
JULIETTE	Allons au musée.
RAYMOND	Comme tu veux.
JULIETTE	Merci encore, madame, c'est vraiment gentil.
MME POITOU	Mais, de rien. Je vous en prie.

Additional Listening Activity 2-6, p. 17

ARTHUR	Bonjour, monsieur.
L'EMPLOYE	Bonjour.
ARTHUR	Où est l'auberge de jeunesse, s'il vous plaît?
L'EMPLOYE	Laquelle?
ARTHUR	Je ne sais pas. Je sais seulement qu'il y en a une près de la bibliothèque.
L'EMPLOYE	D'accord. Quand vous sortez de la gare, vous tournez à gauche dans la rue de Paris. Ensuite, la première à gauche, là où il y a la piscine; c'est le chemin des Druides. Vous continuez tout droit, vous passez devant le lycée Henri IV, et vous tournez à droite dans la rue des Chouans. L'auberge se trouve sur la gauche, entre la poste et la bibliothèque.
ARTHUR	Merci beaucoup, monsieur.
L'EMPLOYE	Je connais aussi un terrain de camping, si ça vous intéresse.
ARTHUR	Non, merci. C'est gentil. Où se trouvent les toilettes, s'il vous plaît?
L'EMPLOYE	Traversez le hall, et c'est à gauche du restaurant.
ARTHUR	Très bien. Au revoir, monsieur.
L'EMPLOYE	Au revoir.

Answers to Additional Listening Activities • Chapitre 2

Additional Listening Activity 2-1, p. 15

1. Madame Poitou is the woman who runs the inn or hotel.
2. Raymond and Juliette are getting a room at the hotel.
3. Raymond and Juliette are hungry after their trip.
4. They're going upstairs to see their room.

Additional Listening Activity 2-2, p. 15

1. false
2. true
3. true
4. false
5. false
6. true
7. false

Additional Listening Activity 2-3, p. 16

Pièces	Rez-de-chaussée	Premier étage	Meubles
le salon	X		le tapis
la cuisine	X		
les toilettes		X	
la salle à manger	X		
la chambre		X	le poster le lit

Additional Listening Activity 2-4, p. 16

Location: by the sea; five-minute walk from town
Rooms:
Ground floor: kitchen, living room, dining room
Second floor: two large bedrooms with balconies, two bathrooms, two toilets
Exterior: big yard with swimming pool
Rent:
Weekly: 500 euros
Monthly: 1200 euros
Agency: Bermondy
Telephone: 05.42.23.70.00
Hours: Monday to Friday, from 9 A.M. to 6 P.M.

Additional Listening Activity 2-5, p. 17

Raymond and his wife Juliette are visiting the city of Chartres. Madame Poitou suggests they visit the cathedral. Raymond and Juliette ask her if there are any churches, museums, or theaters to see. Madame Poitou doesn't think there are any performances at the theater because it's August. The couple finally decides to go to the museum.

Additional Listening Activity 2-6, p. 17

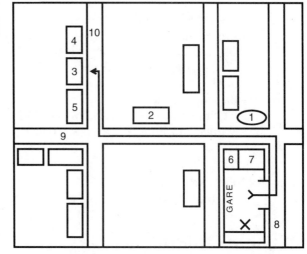

N.B. Numbers 4 and 5 are interchangeable.

Première étape
8 Ecoutons!

1. — Pardon, vous avez des bananes?
   — Oui, monsieur. Combien en voulez-vous?
   — Un kilo, s'il vous plaît. Ça fait combien?
2. — Bonjour, monsieur. Je voudrais un kilo d'oranges, s'il vous plaît.
   — Oui, bien sûr.
   — Ça fait combien?
3. — Bonjour, madame. Il me faut des tomates et des pommes.
   — Bon. Combien en voulez-vous?
   — Je voudrais un kilo de tomates et un kilo de pommes Golden. Ça fait combien?

Answers to Activity 8

Item: 1. bananas 2. oranges 3. tomatoes, apples
Quantity: 1 kilo of each
Prices: 1. 0.90€ 2. 0.75€ 3. 1.47€

11 Ecoutons!

1. — Maman, je vais en ville. Qu'est-ce que j'achète?
   — J'ai besoin de lait et de beurre.
   — D'accord.
2. — Marine, tu vas me chercher deux baguettes et un kilo de crevettes.
   — Oui, Papa, j'y vais.
3. — Oh là là! J'ai oublié le pâté et la tarte! Vincent, tu peux aller les chercher pour moi?
   — Bien sûr, Maman.
4. — Il faut m'acheter des œufs, un petit rôti et trois douzaines d'escargots, s'il te plaît.
   — Bon. Allez, au revoir.

Answers to Activity 11

1. e 2. b, a 3. d, f 4. e, c, a

Deuxième étape
18 Ecoutons!

1. — Oh, Papa! Tu as acheté des croissants!
   — Oui, et j'ai aussi fait du chocolat pour toi.
   — Youpi!
2. — Maman, il y a du lait dans le frigo?
   — Bien sûr.

— Je ne trouve pas les œufs!
— Ah! Je crois que je sais ce que tu vas nous préparer!
— Et où est le fromage?
— Attends, je vais t'aider.
3. — C'était délicieux, Michel. J'adore le poulet préparé comme ça. Et ta quiche est toujours très bonne.
   — C'est gentil. Tu veux encore de la mousse au chocolat?
   — Merci, ça va.
4. — Oui, monsieur?
   — Je voudrais un grand café, s'il vous plaît.
   — Et avec ça?
   — Des tartines à la confiture.

Answer to Activity 18

1. petit déjeuner   3. déjeuner ou dîner
2. dîner   4. petit déjeuner

20 Ecoutons!

1. — Qu'est-ce qu'on sert à la cantine aujourd'hui?
   — Du poisson avec des haricots verts et des carottes.
   — Bof. Et comme dessert?
   — Comme dessert, il y a du yaourt.
   — Eh ben, ce n'est pas la cantine des gourmets ici!
2. — Qu'est-ce qu'il y a à la cantine?
   — Euh… il y a du poisson.
   — Toujours du poisson! Il y a un dessert intéressant au moins?
   — Euh, non, c'est un fruit.
   — Berk! Cette cantine est vraiment infecte.
3. — Tu aimes la salade de concombres?
   — C'est pas mauvais. Il y en a aujourd'hui?
   — Oui. Et du poisson, bien sûr…
   — Encore?
   — Oui, mais il y a de la glace au dessert!

Answers to Activity 20

1. Vauclin; jeudi
2. Rivière-Salée; mardi
3. Rivière-Salée; lundi

22 Ecoutons!

1. — Encore de la salade?
   — Merci, ça va.
2. — C'est vraiment bon! J'aime beaucoup votre tarte aux fraises!

— C'est gentil.

3. — Je pourrais avoir du pain, s'il te plaît?
   — Voilà.

4. — Tu veux du pâté?
   — Oui, je veux bien.

5. — C'était délicieux!
   — Oh, ce n'est pas grand-chose.

6. — Tu pourrais me passer les haricots verts?
   — Tiens.

Answers to Activity 22

1. offering food
2. paying a compliment
3. asking for food
4. offering food
5. paying a compliment
6. asking for food

Troisième étape

28 Ecoutons!

1. — Eh bien, Maman, tu as une idée de cadeau pour Stéphane?
   — Tu pourrais lui offrir des chaussettes. Il en a toujours besoin, j'en suis sûre.
   — Des chaussettes? Oh, Maman, c'est vraiment banal!

2. — Eh, Sabine! J'ai un petit problème. Je ne sais pas quoi offrir à Jean-Luc pour son anniversaire.
   — Euh, ça, c'est dur. Un portefeuille, peut-être.
   — Non, il en a déjà un.

3. — Salut, Karim. Dis, tu as une idée de cadeau pour ma sœur? C'est son anniversaire demain.
   — Offre-lui un livre.
   — Bonne idée. Elle aime beaucoup lire.

4. — Tu as une idée de cadeau pour Pierre? C'est son anniversaire demain.
   — Ben, je ne sais pas. Il a peut-être besoin d'une cravate?
   — Euh, non, ce n'est pas son style.

5. — Anne, qu'est-ce que je pourrais offrir à Rachida?
   — Offre-lui un disque compact.
   — Oui, tu as raison! Elle adore la musique!

Answers to Activity 28

1. reject   3. accept   5. accept
2. reject   4. reject

30 Ecoutons!

1. — Oh, des fleurs! Merci, Pamela, c'est gentil.

2. — Oh, Etienne! Quel joli cadre!

3. — Tiens, un foulard! Qu'est-ce qu'il est chic! Bonne idée, Lionel!

4. — Oh, qu'il est beau, ce sac à main! Merci, Sandra.

Answers to Activity 30

1. e   2. d   3. a   4. b

Mise en pratique 2

STEPHANIE	Tu pourrais me passer le beurre? Je vais faire une tartine.
MARTIN-ALEXANDRE	Voilà. Tu veux encore du café?
STEPHANIE	Oui, je veux bien. C'est vraiment bon!
MARTIN-ALEXANDRE	Alors Stéphanie, toi, tu vas aller à la boulangerie pour acheter des baguettes et à la crémerie pour acheter du fromage.
STEPHANIE	Qu'est-ce que je prends comme fromage?
MARTIN-ALEXANDRE	Oh, je ne sais pas. Prends de gros morceaux de plusieurs fromages.
STEPHANIE	Et toi? Qu'est-ce que tu vas faire?
MARTIN-ALEXANDRE	Je vais acheter du pâté et du jambon à la charcuterie.
STEPHANIE	On ne prend pas de gâteau?
MARTIN-ALEXANDRE	Si, je vais acheter un gros gâteau à la pâtisserie. Dis, est-ce que Claude aime le chocolat?
STEPHANIE	Elle adore le chocolat. Bon, je pars. Je dois aussi lui acheter un cadeau. Qu'est-ce que je pourrais lui offrir?
MARTIN-ALEXANDRE	Tu pourrais lui offrir un beau cadre ou... Va à la maroquinerie pour un portefeuille.
STEPHANIE	C'est banal, non?
MARTIN-ALEXANDRE	Alors, offre-lui un foulard.
STEPHANIE	Bonne idée.

Answers to **Mise en pratique** Activity 2

1. breakfast/afternoon snack
2. baguettes
3. the pastry shop
4. She thinks it's ordinary.
5. a scarf

Additional Listening Activity 3-1, p. 23

SOLANGE	Maman, tu m'achètes une religieuse?
MME HUBERT	Attends, nous ne sommes pas encore à la pâtisserie.
SOLANGE	Où est-ce qu'on va d'abord?
MME HUBERT	Je dois prendre du pâté et du saucisson à la charcuterie.
SOLANGE	Miam, miam! J'adore le saucisson.
MME HUBERT	Ensuite, on va aller à la poissonnerie.
SOLANGE	Tu sais que je n'aime pas le poisson.
MME HUBERT	Je sais, mais tu aimes bien les crevettes, non?
SOLANGE	Ah, oui. Mais ne prends pas d'huîtres, alors.
MME HUBERT	D'accord.
SOLANGE	Et après, on ira à la pâtisserie?
MME HUBERT	Oui.
SOLANGE	Génial. Est-ce que je pourrais avoir un mille-feuille aussi?
MME HUBERT	Pas question! Une religieuse, ça suffit.
SOLANGE	Bon, d'accord.

Additional Listening Activity 3-2, p. 23

Mesdames, mesdemoiselles, messieurs, bonjour. Bienvenue chez Félix Taureau. Aujourd'hui, dix pour cent de réduction au rayon crémerie : les œufs à un euro quinze la douzaine et le beurre à un euro cinquante. Au rayon boulangerie, la baguette à un euro. Comme pâtisseries, nous avons des religieuses et des mille-feuilles à un euro soixante seulement et toutes nos tartes aux pommes sont à quatre euros vingt-cinq. En charcuterie, nous avons de délicieux saucissons d'Auvergne à huit euros le kilo ainsi que notre pâté de campagne à sept euros cinquante. Enfin, pour finir, au rayon poissonnerie, des huîtres toutes fraîches à cinq euros cinquante la douzaine et de grosses crevettes délicieuses à onze euros le kilo. Nous vous remercions de votre visite chez Félix Taureau.

Additional Listening Activity 3-3, p. 24

MARIE-HELENE Voyons, comme entrée, je vais faire des crevettes. Comme Maman les prépare. C'est délicieux! Ensuite, du poisson? Non, un rôti de bœuf plutôt. C'est plus facile à faire et ce n'est pas cher comme plat principal. Avec des haricots verts et des pommes de terre, ce sera très bien. Du fromage? Oui, pourquoi pas! Je crois qu'il me reste du gruyère... Ah, mais non, Dominique n'aime pas le fromage. Tant pis, je ferai une belle salade verte, ce n'est pas grand-chose, mais ça ira. Et comme dessert? Qu'est-ce que je vais faire? Une tarte aux pommes? Voyons, il est déjà quatre heures... C'est bon, j'ai le temps. Et voilà!

Additional Listening Activity 3-4, p. 24

GEORGES	Bonjour, John. Bonjour, Kathy.
JOHN et KATHY	Bonjour, Georges.
GEORGES	Mais entrez donc, je vous ai préparé un petit déjeuner bien français.
JOHN	Merci, c'est très gentil de votre... Euh, non, de ta part.
GEORGES	Ce n'est rien du tout. Faites comme chez vous. Asseyez-vous. Bon appétit!
KATHY	C'est délicieux, des tartines de confiture, comme ça, au petit déjeuner.
JOHN	Oui, c'est vrai. C'est meilleur que les céréales.
GEORGES	Vous trouvez?
JOHN	C'est vraiment bon. Je pourrais avoir encore du chocolat, s'il te plaît?
GEORGES	Bien sûr, voilà.
KATHY	John, tu pourrais me passer la confiture?
JOHN	Tiens, la voilà.
GEORGES	John, encore une petite tartine?
JOHN	Merci, ça va. Je n'ai plus faim.
GEORGES	Comme tu veux. Kathy, encore du chocolat?
KATHY	Oui, je veux bien. Merci.

Additional Listening Activity 3-5, p. 25

PAUL	Allô?
FATIMA	Salut, Paul.
PAUL	Fatima? Salut, tu vas bien?
FATIMA	Très bien, et toi?
PAUL	Super. Tu veux parler à Joëlle?
FATIMA	Non, justement. Tu as une idée de cadeau pour son anniversaire?
PAUL	Moi, je sais que je vais passer chez le fleuriste. Tu sais, elle adore les fleurs. Je vais sûrement lui acheter un vase aussi.
FATIMA	Qu'est-ce que je pourrais lui offrir, moi? Qu'est-ce que tu penses d'une boîte de chocolats?
PAUL	Elle va en avoir plein. Tu pourrais lui offrir un sac à main. Il y a une maroquinerie en face de chez toi.
FATIMA	Non, c'est banal... un joli foulard, peut-être?
PAUL	Ce n'est pas son style.
FATIMA	Tu as raison et ce n'est pas original.
PAUL	Offre-lui un cadre.
FATIMA	Bonne idée! Il y a justement une boutique de cadeaux à côté de chez moi. Je devrais aller voir. Merci pour ton aide. A plus tard.
PAUL	De rien. Salut, Fatima.

Additional Listening Activity 3-6, p. 25

MME SERIEUSE	Bonjour, les enfants.
ELEVES	Bonjour, madame.
MME SERIEUSE	Aujourd'hui, nous allons apprendre quelques expressions de vœux. Quels sont les vœux de fin d'année que vous connaissez?... Oui, Alexandre?
ALEXANDRE	Joyeux Noël!
MME SERIEUSE	Très bien. Quoi d'autre pour le nouvel an? Benoît?
BENOIT	Bonne année!
MME SERIEUSE	Oui, très bien, Benoît. Qui en connaît d'autres?
DAVID	Bonne fête de Hanoukkah!
MME SERIEUSE	D'accord, David. Et pour un anniversaire?
AGNES	Bon anniversaire!
MME SERIEUSE	Oui, Agnès. Bravo! Et quand quelqu'un part en voyage?
ERIC	Bon voyage!
MME SERIEUSE	Et encore?
SANDRINE	Bonne route!
MME SERIEUSE	Parfait. Et maintenant, pour un mariage, ou bien une naissance?
PIERRE	Félicitations!
MME SERIEUSE	Merci, Pierre. C'était très bien. *(bell rings)* Bonne récréation, les enfants.

Answers to Additional Listening Activities • Chapitre 3

Additional Listening Activity 3-1, p. 23

Stores should be numbered and letters circled as indicated.

___3___ la pâtisserie : c
___2___ la poissonnerie : b
___1___ la charcuterie : a, c

Additional Listening Activity 3-2, p. 23

Crémerie	œufs	1,15€
	beurre	1,50€
Boulangerie	baguette	1,00€
Pâtisserie	religieuses	1,60€
	mille-feuilles	1,60€
	tartes aux pommes	4,25€
Charcuterie	saucisson	8,00€
	pâté	7,50€
Poissonnerie	huîtres	5,50€
	crevettes	11,00€

Additional Listening Activity 3-3, p. 24

1. shrimp
2. It's easier to prepare and cheap.
3. green beans and potatoes
4. One of her guests (Dominique) doesn't like cheese.
5. apple tart
6. four o'clock

Additional Listening Activity 3-4, p. 24

1. Georges has prepared a typical <u>French</u> breakfast.
2. Kathy <u>compliments</u> the **tartines**.
3. John <u>likes</u> the breakfast.
4. John <u>asks for</u> more hot chocolate.
5. Kathy asks John to <u>pass the jam</u>.
6. Georges offers John <u>another</u> **tartine**.
7. John <u>says "no thank you."</u>
8. Georges offers Kathy <u>more hot chocolate</u>.
9. Kathy <u>accepts</u>.

Additional Listening Activity 3-5, p. 25

These names should be written under the pictures of these gifts.
Paul - flowers
Fatima - picture frame

Additional Listening Activity 3-6, p. 25

Pictures should be numbered in this order.

a. 5	b. 4	c. 2	d. 5, 6	e. 7	f. 3	g. 1

Première étape
8 Ecoutons!

Venez à la Martinique! A vous la mer, le soleil, le ciel bleu, les plages et les co-cotiers... A vous le poisson grillé, les fleurs, les épices! Visitez la forêt tropicale, escaladez les pentes de la montagne Pelée, regardez les magnifiques champs de canne à sucre. Venez à la Martinique, une histoire d'amour entre ciel et mer.

Answers to Activity 8

la mer, la forêt tropicale, les cocotiers, la montagne Pelée, les champs de canne à sucre

Deuxième étape
17 Ecoutons!

MAGALI   Alors, qu'est-ce que tu veux faire aujourd'hui?

CESAR   Je ne sais pas... Ça te dit d'aller à la pêche?

MAGALI   Non, c'est barbant. On attend pendant des heures, c'est tout!

CESAR   Eh bien, tu as une autre idée?

MAGALI   On pourrait faire du deltaplane. Ça, c'est original!

CESAR   Pas question. Je n'ai pas envie de me casser une jambe! Pourquoi pas faire de la plongée?

MAGALI   C'est une bonne idée... mais je n'ai pas de masque, moi.

CESAR   On pourrait se promener sur la plage, alors.

MAGALI   D'accord. On y va!

Possible Answers to Activity 17

fishing, hang gliding, scuba diving, walking on the beach; walk on the beach

21 Ecoutons!

1. — Qu'est-ce que tu aimes faire pendant les vacances?
   — Ce que je préfère, c'est me lever tard parce que je dois me lever à six heures quand je vais à l'école. Et ça, je déteste!
2. — Et toi, qu'est-ce que tu aimes faire?
   — Ce que j'aime bien, c'est faire de l'équitation le long de la plage.
3. — Qu'est-ce que tu aimes faire le week-end?
   — Ben, ce qui me plaît, c'est de me baigner toute la journée.
4. — Et toi, qu'est-ce que tu aimes faire?
   — J'aime rester à la maison. Tous mes copains aiment sortir, mais moi, ça ne me plaît pas.

Answers to Activity 21

1. getting up late; like
   getting up at 6:00 A.M.; dislike
2. horseback riding; like
3. swimming; like
4. staying at home; like
   going out; dislike

Troisième étape
26 Ecoutons!

Le matin? Ben, c'est assez banal. Je me lève à sept heures et demie. Puis, je me lave le visage pour me réveiller un peu. Ensuite, je vais à la cuisine pour prendre le petit déjeuner : des tartines et peut-être du chocolat, si j'ai le temps. Je m'habille, d'habitude en jean et en tee-shirt. Euh, enfin, je me brosse les dents super vite, et je cours au lycée.

Answers to Activity 26

e, b, c, d, a

Mise en pratique 2

Il y a beaucoup de circuits pittoresques à faire. Je crois que celui-ci vous intéressera. On commence le matin par une visite de la Soufrière. Vous verrez un volcan actif de près. Ensuite, vous prendrez l'autocar pour aller déguster la cuisine locale dans un petit restaurant typique. Vers deux heures, visite de la forêt tropicale pour voir nos fameuses chutes d'eau, les chutes du Carbet. Enfin, vous pourrez visiter une plantation de café. Personnellement, c'est le circuit que je vous recommande.

Answers to Mise en pratique Activity 2

visit "La Soufrière" and see an active volcano, lunch at the local restaurant, visit the tropical forest and the waterfalls of Carbet, visit a coffee plantation

Additional Listening Activity 4-1, p. 31

LE GUIDE   Mesdames et messieurs, nous sommes actuellement au-dessus de l'île de la Martinique. Avant d'y atterrir, nous allons en faire le tour afin de vous montrer cette magnifique île vue d'avion. Tout au sud, vous pouvez voir le Point d'Enfer où il n'y a que du sable et aussi beaucoup de moustiques! Sur la droite, à l'est, voici Le François, un village de pêcheurs. Vous y verrez aussi des champs de cannes à sucre. Sur votre gauche, au bord de la mer, vous pouvez maintenant voir Fort-de-France, la capitale de notre belle île. Fort-de-France est la plus grande ville de la Martinique et elle est renommée à la fois pour son charme et pour les nombreuses activités qu'on y trouve. Maintenant, nous passons au-dessus du Morne Rouge, une des plus petites villes de l'île, située au milieu de la forêt tropicale. Voilà. Nous allons maintenant retourner à Fort-de-France. Merci de votre visite et à bientôt.

Additional Listening Activity 4-2, p. 31

JACQUES   Alors, Raymond, tes vacances? Raconte!

RAYMOND   Oh là là, il y a tellement de choses à raconter... Je ne sais pas par où commencer.

JACQUES   C'était si bien que ça, la Guadeloupe?

RAYMOND   Tu veux dire la Martinique? Eh bien, oui, c'était sensass. La mer, les plages de sable blanc... bref, tout est magnifique. Et puis, les gens sont tous très sympas.

JACQUES   Dis donc, il doit y avoir des cocotiers, des bananiers, des palmiers et toutes sortes de fleurs magnifiques là-bas.

RAYMOND   Oui, la végétation est incroyable.

JACQUES   Qu'est-ce qu'il y a d'autre?

RAYMOND   Il y a aussi la forêt tropicale. C'est un vrai paradis. C'est très coloré et il y a plein de chutes d'eau. Et la mer est tellement belle, d'un vert-bleu comme dans les films.

JACQUES   Il y un volcan là-bas, non?

RAYMOND   Oui, il y en a même plusieurs. J'en ai d'ailleurs visité un. Mais, tu vois, ce qui m'a surtout plu, c'est les villages de pêcheurs. Qu'est-ce qu'ils sont animés! A mon avis, c'est beaucoup mieux que les grandes villes. En tout cas, j'ai vraiment passé des vacances super là-bas!

Additional Listening Activity 4-3, p. 32

GREGOIRE   Bonjour.

L'EMPLOYEE   Bonjour, monsieur. Je peux vous renseigner?

GREGOIRE   Oui. C'est la première fois que je viens à la Martinique. Qu'est-ce qu'il y a à faire ici?

L'EMPLOYEE   Eh bien, si vous aimez la pêche, il y a beaucoup de villages de pêcheurs. Vous pouvez aussi aller à la plage, faire de la planche à voile, de la plongée sous-marine, de la plongée avec un tuba, ou simplement vous baigner.

GREGOIRE   Ce qui me plaît, c'est surtout la campagne.

L'EMPLOYEE   Alors, à l'intérieur de l'île, on peut visiter beaucoup de petites villes. C'est la campagne, mais c'est aussi très vivant et on peut beaucoup s'y amuser.

GREGOIRE   Et est-ce qu'on peut faire des randonnées?

L'EMPLOYEE   Oui, bien sûr. Si vous aimez vous promener, il y a la forêt tropicale au centre de l'île. C'est magnifique, vous verrez. Et puis, il y a aussi de nombreuses excursions très intéressantes. Tenez, voici une brochure qui vous les expliquera en détail.

GREGOIRE   Vous connaissez un bon petit restaurant près d'ici?

L'EMPLOYEE   Oui, à l'entrée de la ville, il y a un restaurant qui s'appelle «Au Gros Morne». On peut y déguster des poissons délicieux. Vous aimez ça, le poisson?

GREGOIRE   Ah oui! Ça, j'adore. Merci beaucoup, mademoiselle.

L'EMPLOYEE   Mais, je vous en prie, monsieur. Passez de bonnes vacances sur notre île.

Additional Listening Activity 4-4, p. 32

DORIS	D'abord, on est allés au marché pour acheter des provisions. Ça, c'est une femme qui vendait des légumes et des fruits. Elle avait un gros tas d'oranges devant elle, par terre. Ça, c'est aussi au marché. C'est une femme qui vendait des anthuriums.
CLAUDE	Des anthuriums? Qu'est-ce que c'est?
DORIS	Ce sont de grandes fleurs en forme de cône. C'est très joli. Il y a beaucoup de fleurs à la Martinique, tu sais, mais celle-là, c'est celle qu'on voit le plus souvent, en toute saison. Ça, c'est une plage où on s'est arrêtés pour déjeuner.
CLAUDE	C'est très joli. C'est votre bateau?
DORIS	Non, c'est celui d'un pêcheur. Ça, c'est mon frère. Quand on s'est arrêtés pour déjeuner sur cette plage, lui, tout de suite, il est allé à la pêche. Et il a attrapé un petit poisson.
CLAUDE	Et ça, qui c'est? C'est ton père?
DORIS	Non, c'est un pêcheur du village qui revenait de la pêche.
CLAUDE	Qu'est-ce qu'il tient? Ce n'est pas un poisson?
DORIS	Non, c'est une pieuvre, une grosse pieuvre.
CLAUDE	Pouah!
DORIS	Pourquoi «Pouah»? Ce n'est pas joli, mais c'est bon.
CLAUDE	Tu en as mangé?
DORIS	Bien sûr. Quand c'est bien préparé, c'est délicieux. Ça, c'est Saint-Pierre. C'est l'église.
CLAUDE	L'église? Où est-ce que tu vois une église? Il n'y a pas d'église.
DORIS	Non, mais c'est là qu'elle était. Tu sais bien que toute la ville de Saint-Pierre a été détruite en dix-neuf cent deux par une éruption de la montagne Pelée! L'église a été complètement détruite avec le reste de la ville.

Additional Listening Activity 4-5, p. 33

JEAN	Allô?
PIERRE	Salut, Jean. C'est Pierre.
JEAN	Ah, salut! Ça va?
PIERRE	Pas mal, et toi?
JEAN	Super.
PIERRE	Dis, ça te dit d'aller au café?
JEAN	Bof. Tu sais, je me suis couché tard hier soir et, en plus, je ne suis pas encore habillé.
PIERRE	Ah, oui? Qu'est-ce que tu as fait?
JEAN	Ben, je suis allé danser le zouk avec Antoinette. Si tu veux, on peut se voir ce soir.
PIERRE	Non, je ne peux pas. Il faut que je me lève tôt demain. Je vais à la pêche pour la journée.
JEAN	Après-demain, alors?
PIERRE	D'accord. On peut se voir vers midi?
JEAN	Non, c'est trop tôt. Deux heures, ça va?
PIERRE	Oui, super.
JEAN	Bon, salut.
PIERRE	OK, je t'appelle après-demain. Au revoir.

Additional Listening Activity 4-6, p. 33

AMINATA	Chère Aminata,
	Je m'appelle Marie. J'ai quatorze ans et j'habite à Saint-Pierre. Le matin, je me lève tôt, vers sept heures, car je dois me préparer pour aller à l'école. D'abord, je me lave et je me brosse les dents. Après, je m'habille. Je pars de chez moi vers huit heures moins le quart. Les cours commencent à huit heures. A midi, je mange à la cantine. Je n'aime pas trop ça, mais je n'ai pas le temps de rentrer chez moi pour le déjeuner. Les cours finissent à cinq heures. Après, je vais souvent à la plage pour me promener ou pour me baigner. Ensuite, je rentre vite à la maison pour manger parce que ce que je n'aime pas, c'est être en retard pour le dîner. A la maison, je me régale plus qu'à la cantine! Finalement, je vais me coucher vers dix heures au plus tard. Le week-end, j'aime bien aller m'amuser avec mes copines. Le samedi, on fait souvent de la planche à voile et le soir, on va danser le zouk. Le dimanche, on fait de la plongée. Et toi? Qu'est-ce que tu aimes faire? Bon, je te laisse. J'attends de tes nouvelles avec impatience. A bientôt, j'espère. Ecris-moi vite.
	Marie

Answers to Additional Listening Activities • Chapitre 4

Additional Listening Activity 4-1, p. 31

1. b
2. d
3. b
4. d
5. a
6. c
7. a
8. c
9. b
10. c
11. a

Additional Listening Activity 4-2, p. 31

Raymond a passé des vacances sensass à la <u>Martinique</u>. Il a trouvé tous les gens <u>très sympas</u>. Il a beaucoup aimé les <u>plages</u> de sable blanc. Il a trouvé la végétation incroyable : les <u>cocotiers</u>, les <u>bananiers</u>, les <u>palmiers</u>, et toutes sortes de <u>fleurs</u>. En plus, dans la forêt tropicale, il a vu plein de <u>chutes d'eau</u> et il a visité un <u>volcan</u>. Ce qu'il a aimé le mieux, c'était les <u>villages de pêcheurs</u> parce qu'ils étaient si animés.

Additional Listening Activity 4-3, p. 32

1. faux
2. vrai
3. faux
4. faux
5. vrai
6. vrai
7. vrai
8. faux

Additional Listening Activity 4-4, p. 32

Pictures should be numbered in this order.
   a. 6
   b. 2
   c. 5
   d. 1
   e. 4
   f. 3

Additional Listening Activity 4-5, p. 33

1. c
2. c
3. a
4. b
5. b

Additional Listening Activity 4-6, p. 33

1. Elle se lève vers sept heures. Ensuite, elle <u>se lave</u>, elle <u>se brosse les dents</u> et elle <u>s'habille</u>. Elle part pour l'école vers huit heures moins le quart. A midi, elle déjeune à la cantine. Les cours finissent à cinq heures. Le soir, elle <u>se couche</u> vers dix heures.

2. Elle va à la plage pour <u>se promener</u> ou bien pour <u>se baigner</u>. Elle rentre vite pour le dîner.

3. Elle aime <u>s'amuser</u> avec ses copines. Le samedi, elles font de la planche à voile et le soir, elles vont danser. Le dimanche, elles font de la plongée.

Scripts and Answers for Textbook Listening Activities • Chapitre 5

Première étape
7 Ecoutons!

1. — Tu n'as pas tes devoirs aujourd'hui, Sara?
   — Excusez-moi, monsieur, mais j'ai perdu mon livre d'anglais.
2. — Pourquoi tu n'es pas venue avec nous hier après-midi? On a fait les magasins!
   — Désolée, mais c'était impossible. J'ai été collée.
3. — Tu en fais une tête. Qu'est-ce qui se passe?
   — Ben, j'ai eu une mauvaise note en maths après tout le temps que j'ai passé à étudier!
4. — Pourquoi tu es arrivé en classe avec quinze minutes de retard?
   — J'ai raté le bus.

Answers to Activity 7
1. c
2. d
3. a
4. b

9 Ecoutons!

FRANCINE Salut, Luc. Te voilà enfin. Dis donc, ça n'a pas l'air d'aller. Qu'est-ce qui t'arrive?
LUC Désolé d'être en retard. Tout a été de travers ce matin!
FRANCINE Qu'est-ce qui s'est passé?
LUC J'avais oublié mon livre d'histoire, donc à midi, je suis rentré chez moi pour aller le chercher.
FRANCINE Et après?
LUC Ben, je ne l'ai pas trouvé et en plus, en descendant l'escalier, j'ai raté une marche, je suis tombé et j'ai déchiré mon pantalon.
FRANCINE Pauvre vieux!

LUC Attends! J'ai vite mis un autre pantalon, et j'ai couru pour attraper le bus. Mais je l'ai raté, donc, j'ai décidé de venir à pied.
FRANCINE Tu es venu à pied? Mais ça fait presque deux kilomètres! Tu aurais dû me téléphoner.

Answers to Activity 9
1, 3

12 Ecoutons!

1. — Tiens, Marie, qu'est-ce qui t'arrive?
   — J'ai eu une interro de français, et j'ai eu sept!
2. — J'ai attendu le bus pendant vingt minutes aujourd'hui. Et toi?
   — Moi, je l'ai attendu un quart d'heure!
3. — Salut, Marc! Tu attends le bus?
   — Non, j'attends ma mère. Elle vient me chercher.
4. — Eh ben, qu'est-ce qui s'est passé?
   — D'abord, je n'ai pas entendu mon réveil. Ensuite, j'ai eu une interro de français, et après l'école, on a perdu le match de basket.
5. — Tu as été collé aujourd'hui?
   — Oui, malheureusement.

Answers to Activity 12
1. past
2. past
3. now
4. past
5. past

Deuxième étape
18 Ecoutons!

1. — Salut, Georges. Comment ça s'est passé, ton week-end au lac?
   — Oh, tout a été de travers!
2. — Salut, Eliane. Comment s'est passé ton week-end?
   — Ça s'est très bien passé, merci.
3. — Et toi, comment s'est passé ton week-end?
   — Moi? J'ai travaillé tout le week-end. C'était horrible!

4. — Martine, comment s'est passé ton week-end?

— J'ai fait de la natation et je suis allée à la boum de Denise. C'était super!

5. — Et toi, Bruno?

— J'ai vu un bon film comique au cinéma et j'ai regardé un match de foot à la télé. Mon équipe a gagné! Quel week-end formidable!

Answers to Activity 18

1. bad
2. good
3. bad
4. good
5. good

Troisième étape
30 Ecoutons!

1. — Combien tu as eu à ta rédaction de français?

— A ma rédaction? Ben, j'ai eu seize.

— Seize? Bravo!

2. — Eh, salut! Combien tu as eu à ton interro d'histoire?

— J'ai eu quinze.

— Félicitations! Moi, j'ai eu onze.

3. — Et à l'interro de sciences-éco? Combien tu as eu?

— Euh, ce n'est pas mon fort. J'ai eu dix.

— C'est pas terrible, ça. Tu dois mieux travailler.

4. — Combien tu as eu en biologie?

— J'ai eu huit. Je ne suis pas doué pour les sciences.

— Mais, c'est inadmissible! Tu ne dois pas faire le clown en classe!

Answers to Activity 30

1. congratulating
2. congratulating
3. reprimanding
4. reprimanding

Mise en pratique 2

LE PERE   Je vous ai demandé un rendez-vous parce que je ne suis pas content des notes de Ginette. Elle a eu huit à la dernière interro. Qu'est-ce qui se passe?

LE PROF   Le huit, c'est qu'elle n'a pas assez étudié. Et la semaine passée, elle est arrivée en retard tous les jours!

LE PERE   Eh bien, elle dit que l'histoire, ce n'est pas son fort. Elle dit aussi que vous ne l'aimez pas!

LE PROF   N'importe quoi! Ce n'est pas du tout vrai! Elle est très intelligente, mais elle doit mieux travailler. Elle doit être plus sérieuse, et surtout, elle ne doit pas faire le clown en classe!

LE PERE   Bon, je vais lui parler. C'est inadmissible, un huit en histoire-géo!

Answers to **Mise en pratique** Activity 2

1. faux
2. faux
3. faux
4. vrai
5. faux
6. vrai

Scripts for Additional Listening Activities • Chapitre 5

Additional Listening Activity 5-1, p. 39

LA MERE   Oh là là! Ça n'a pas l'air d'aller, toi. Tu es toute rouge!
AUDREY   J'ai passé une journée épouvantable.
LA MERE   Ah, oui? Qu'est-ce qui t'est arrivé?
AUDREY   D'abord, je n'ai pas entendu le réveil ce matin.
LA MERE   Oh non! Tu as raté le bus?
AUDREY   Oui, mais, ça encore, ce n'est rien! J'ai attendu le bus suivant pendant vingt minutes et, en montant, j'ai raté une marche.
LA MERE   Tu t'es fait mal?
AUDREY   Non, mais j'ai déchiré ma jupe. Regarde.
LA MERE   Ce n'est pas trop grave. Au moins, tu ne t'es pas fait mal.
AUDREY   Evidemment, je suis arrivée en retard à l'école.
LA MERE   Ecoute, ça arrive. Et puis, ce n'était pas de ta faute.
AUDREY   Oui, ben, c'est pas ce que mon professeur a dit! Je suis collée mercredi, tout l'après-midi.
LA MERE   T'inquiète pas. Demain, je vais aller parler à ton prof. Je suis sûre que ça va s'arranger.
AUDREY   Oh, Maman! Tu es vraiment géniale. Merci.
LA MERE   De rien, ma chérie. Allez, va te laver.

Additional Listening Activity 5-2, p. 39

Chère Madame,
    Quand vous recevrez le bulletin trimestriel d'Arthur, vous verrez qu'il a eu beaucoup de mauvaises notes ce trimestre. En dictée, par exemple, il a eu un quatre sur dix. C'est une catastrophe. En calcul, c'est un peu mieux : cinq sur dix. En histoire-géographie, il a eu six. Et puis, Arthur n'est pas très sérieux en classe. Il n'arrive jamais à l'heure et il ne pense qu'à s'amuser. Il faut absolument que je vous parle. Je suis inquiet à son sujet. S'il ne fait pas de progrès, il risque de devoir refaire l'année.
    Merci beaucoup de votre attention. Téléphonez-moi demain, jeudi, pour fixer un rendez-vous.
                                                                    M. Choron

Additional Listening Activity 5-3, p. 40

ANGELE   Olivier!
OLIVIER   Tiens, Angèle. Ça va?
ANGELE   Oui, très bien. Et toi, la Martinique, c'était comment?
OLIVIER   Oh, tu sais, comme d'habitude. J'ai vu mon grand-père. Le pauvre, il s'est déchiré un muscle en faisant une randonnée.
ANGELE   Oh là là! C'est pas de chance, ça. Mais toi, tu t'es bien amusé, au moins?
OLIVIER   Eh bien, pas vraiment. Tout a été de travers. Il a fait quarante-cinq degrés tous les jours, sauf pendant une semaine où il n'a pas arrêté de pleuvoir.
ANGELE   C'est vrai, quarante-cinq degrés, c'est vraiment trop chaud.
OLIVIER   Et puis, je ne sais pas pourquoi, mais cette année, c'était épouvantable. Je me suis vraiment ennuyé. Et toi? Comment se sont passées tes vacances?
ANGELE   C'était génial. Nous sommes allés en Corse. C'est très vivant, là-bas, en été.
OLIVIER   Oui, j'y suis allé, il y a quelques années. Ça m'a beaucoup plu. Alors, raconte.
ANGELE   Eh bien, nous nous sommes beaucoup promenés. C'est tellement joli comme île! J'ai vraiment passé des vacances super.
LA MERE   Olivier! Dépêche-toi un peu!
OLIVIER   Oui, Maman, j'arrive!... Bon, il faut que j'y aille. Salut.
ANGELE   Salut, et passe un bon week-end.
OLIVIER   Merci, toi aussi. Tchao.

Additional Listening Activity 5-4, p. 40

SOPHIE Salut, Michèle, c'est Sophie. On est lundi, dix heures. Je t'appelle juste pour voir comment s'est passé ton week-end avec Stéphane. Moi, j'ai passé une journée incroyable avec Denis hier. Nous sommes allés au zoo. Il faudra que je te raconte. Bon, je te rappelle plus tard. Salut.

SA MERE Bonjour, ma chérie. C'est Maman. Il est midi. J'ai appris pour tes examens. Je suis désolée pour ta mauvaise note. Enfin, ne t'en fais pas trop, ce n'est pas grave. Courage, ça ira mieux l'année prochaine. Je t'embrasse.

RACHID Bonjour, c'est Rachid. Il est trois heures. Je m'excuse pour hier soir, mais j'ai raté le bus. Je suis arrivé en retard et tu étais déjà partie. De toute façon, hier, tout a été de travers! Bon, je te rappelle demain.

PHILIPPE Salut, Michèle, c'est Philippe. On est lundi, quatre heures et demie. Oh là là! Quel week-end épouvantable! J'ai perdu tous mes papiers. Enfin, bref... Il faut que je te parle, c'est important. Rappelle-moi plus tard, s'il te plaît. Salut.

SOPHIE C'est encore moi, Sophie. Il est huit heures et quart. C'est incroyable que tu ne sois pas encore rentrée. Décidément, c'est pas mon jour. Bon, tant pis! J'essaierai plus tard. Tchao.

Additional Listening Activity 5-5, p. 41

M. DANTEC Victor!
VICTOR Oui, Papa.
M. DANTEC Devine un peu ce que je viens de recevoir?
VICTOR Oh là là! Mon bulletin trimestriel.
M. DANTEC Exactement. C'est inadmissible.
VICTOR Je sais, je ne suis pas bon en maths.
M. DANTEC Il n'y a pas qu'en maths que tu n'es pas bon. Tu as eu huit en anglais.
VICTOR Ouais, j'ai du mal à comprendre.
M. DANTEC Oui, c'est ce qu'on dit... En tout cas, c'est pas une excuse. Si tu ne comprends pas, tu n'as qu'à le dire à ton prof.
VICTOR Oui, Papa.
M. DANTEC Par contre, en gym, félicitations.
VICTOR Merci. La gym, ça a toujours été mon fort.
M. DANTEC Ça serait bien si tu pouvais avoir des notes comme ça dans toutes les matières.
VICTOR Ouais, mais c'est pas facile.
M. DANTEC Tu dois mieux travailler en classe, tu sais.
VICTOR Oui, je sais.
M. DANTEC Au fait, le prof d'histoire t'a rendu ta dernière interro?
VICTOR Non, pas encore. Demain, je crois.
M. DANTEC Bon, tu me la feras voir. Allez, maintenant va faire tes devoirs. Et ne te couche pas trop tard.
VICTOR D'accord, Papa. Bonne nuit.

Additional Listening Activity 5-6, p. 41

Nicolas,

Ta prof de sciences nat a téléphoné ce matin. Elle dit que si tu ne recommences pas à bien travailler comme avant, ça va mal aller. Je sais que ce n'est pas ton fort, les sciences nat, mais tu n'es pas si mauvais que ça. Si tu ne comprends pas quelque chose, dis-le à ta prof, elle pourra t'expliquer. Et puis, il ne faut plus faire le clown en classe. Autre chose : ta prof m'a dit que tu es souvent en retard et que tu lui dis que c'est parce que tu as raté le bus. Tu ne prends pas le bus, alors, arrête de mentir. S'il te plaît, ne recommence pas! Je sais que tu peux mieux faire. A ce soir. Je t'embrasse.

Maman

Answers to Additional Listening Activities • Chapitre 5

Additional Listening Activity 5-1, p. 39

The following items should be checked:
1, 3, 4, 6, 7, 9

Additional Listening Activity 5-2, p. 39

1. dictation **c.**   math **b.**   history-geography **a.**
2. **a.** false   **b.** true   **c.** false   **d.** true   **e.** false

Additional Listening Activity 5-3, p. 40

1. Angèle
2. Olivier
3. Angèle
4. Olivier
5. Olivier
6. Angèle

Additional Listening Activity 5-4, p. 40

Caller	Message
1. Sophie	Wants to know how your weekend was. She had a great day yesterday at the zoo with Denis. She'll call later.
2. Mother	She heard about your grade on the exam. She's sorry. She says not to worry; you'll do better next year.
3. Rachid	He's sorry about last night. He missed the bus. Yesterday was a bad day, but today is better. He'll call you tomorrow.
4. Philippe	He had a bad weekend. He lost all his papers. He needs to talk to you; it's important. Call him later.
5. Sophie	Called again. Will try again later.

Additional Listening Activity 5-5, p. 41

1. true
2. false
3. false
4. false
5. true
6. false
7. true
8. true
9. false

Additional Listening Activity 5-6, p. 41

1. Nicolas' science teacher called.
2. Answers may vary: Nicolas' science teacher said that Nicolas isn't working as hard as he used to, that he goofs off in class, and that he often arrives late.

Première étape
7 Ecoutons!

1. Elle a donné à manger aux animaux.
2. Elle a fait un tour sur la grande roue.
3. Elle a assisté à un spectacle son et lumière.
4. Elle est montée dans des tours.
5. Elle est allée dans un parc d'attractions.
6. Elle a fait une visite guidée.

Answers to Activity 7

1. Han	4. Mariyam
2. Perrine	5. Perrine
3. Mariyam	6. Han

10 Ecoutons!

1. — Eh, Dien, tu as passé un bon week-end?
   — Ben, oui.
   — Qu'est-ce que tu as fait?
   — Ben, je suis allé au château de Fontainebleau.
   — Vraiment? Ça t'a plu?
   — Oui, beaucoup. C'était magnifique.
2. — Salut, Bertrand, C'était comment, ton week-end?
   — Oh, pas mal. Je suis allé au zoo.
   — Tu t'es bien amusé?
   — Oh, plus ou moins.
3. — C'était comment, la boum hier soir?
   — La fête de Béatrice? C'était sensass! Je me suis beaucoup amusée.
4. — Salut, Amina. Qu'est-ce que tu as fait hier?
   — Je suis allée dans un parc d'attractions.
   — Tu t'es bien amusée?
   — Pas vraiment. Je me suis plutôt ennuyée. C'était nul.

Answers to Activity 10

1. enthusiastic
2. indifferent
3. enthusiastic
4. dissatisfied

Deuxième étape
16 Ecoutons!

1. — Dis, tu as vu Paul?
   — Paul? Je crois qu'il est retourné dans l'autocar.
2. — Bon. Et Laurence? Où est-elle?
   — Je crois qu'elle est restée au café.
   — Va la chercher, s'il te plaît.
3. — Où est Ali?
   — Il est descendu au bord de la rivière.
   — Oh là là! Va le chercher tout de suite!
4. — Et Guillaume?
   — Euh, je ne sais pas. Peut-être qu'il est monté au premier étage?
   — Bon... va le chercher.
5. — Et Mireille? Tu l'as vue?
   — Oui... elle est allée dans le jardin de Diane de Poitiers. Je vais la chercher.
6. — Enfin, il n'y a plus que Marcel qui manque.
   — Je crois qu'il est parti avec les Américains!

Answers to Activity 16

1. d (in the bus)
2. a (at a café)
3. f (at the riverbank)
4. b (on the second floor)
5. e (in the castle garden)
6. c (with some Americans)

20 Ecoutons!

1.   MAI   Salut, Daniel. Comment s'est passé ton week-end?
    DANIEL   Très bien, merci.
    MAI   Qu'est-ce que tu as fait?
    DANIEL   D'abord, je suis allé au supermarché. Et tu ne vas pas croire qui j'ai vu! J'ai fait la connaissance de Vanessa Paradis!
    MAI   Ça m'étonnerait!

2.   MAI   Eh bien, Agnès, qu'est-ce qui s'est passé?
    AGNES   Oh, je suis tombée et j'ai déchiré ma robe.
    MAI   Oh là là! Pauvre vieille!

3.   MAI   Salut, Richard. Tu as passé un bon week-end?
    RICHARD   Oui, c'était super! Je suis allé visiter le château de Versailles et j'ai vu le fantôme de Louis Quatorze.
    MAI   Mon œil!

4.   MAI   Et toi, Valérie, comment ça s'est passé, ton week-end?
    VALERIE   Bof. J'ai lu un roman et j'ai fait du vélo, c'est tout.
    MAI   Oh, c'est pas si mal.

5.   MAI   Mohammed, qu'est-ce que tu as fait ce week-end?
    MOHAMMED   J'ai fait un vidéoclip avec Kassav'.
    MAI   N'importe quoi!
    MOHAMMED   Mais si, c'est vrai! Tu vas voir!

Answers to Activity 20
1. doesn't believe
2. believes
3. doesn't believe
4. believes
5. doesn't believe

Troisième étape
26 Ecoutons!

L'EMPLOYE   Bonjour, mademoiselle.
NATHALIE   Bonjour, monsieur. A quelle heure est-ce que le train pour Paris part?
L'EMPLOYE   Dans une demi-heure, à quatorze heures vingt-cinq.
NATHALIE   Combien coûte un aller simple?
L'EMPLOYE   Onze euros.
NATHALIE   Bon, alors un aller simple, s'il vous plaît. Le train part de quel quai?
L'EMPLOYE   Du quai dix, par là.
NATHALIE   Bien. Merci beaucoup!

Answers to Activity 26
1. Paris
2. 14h25
3. aller simple
4. 11 euros
5. dix

Mise en pratique 2

Horaires pour samedi et dimanche. Ligne douze, destination Blois avec arrêts à Amboise et Monteaux. Départ de gare routière de Tours à neuf heures. Arrivée Amboise à neuf heures trente, Monteaux à neuf heures cinquante-cinq, Blois à dix heures quarante-cinq. Pour le retour, départ Blois à quinze heures trente, Monteaux à seize heures vingt, Amboise à seize heures quarante-cinq, arrivée Tours à dix-sept heures quinze. Prix aller simple : huit euros, six euros pour les enfants de moins de huit ans. Prix aller-retour : quatorze euros, dix euros pour les enfants de moins de huit ans.

Answers to Mise en pratique Activity 2
To Amboise: 9:00 A.M.
From Amboise: 4:45 P.M.
Price for ticket: 14 euros

Scripts for Additional Listening Activities • Chapitre 6

Additional Listening Activity 6-1, p. 47

MIREILLE   Alors? Tu as trouvé ça comment, toi?
EDOUARD   Bof, je me suis plutôt ennuyé.
MIREILLE   Moi, ça m'a beaucoup plu. J'adore assister aux spectacles son et lumière.
EDOUARD   J'ai trouvé ça mortel, c'est sinistre comme spectacle. En plus, l'entrée est super chère.
MIREILLE   Mais qu'est-ce que tu racontes? C'était magnifique. Tu n'as pas aimé les effets de lumière?
EDOUARD   Mouais, ça, c'était pas trop mal.
MIREILLE   Moi, en tout cas, je me suis bien amusée. Tout était sensass dans ce show.
EDOUARD   Là, tu exagères.
MIREILLE   Pas du tout. En plus, c'était plus ou moins ce que j'attendais. Pas toi?
EDOUARD   Bon, allez, si ça peut te faire plaisir, c'était pas mal.
MIREILLE   Ah, enfin, tu le reconnais.
EDOUARD   Monsieur, s'il vous plaît?
LE SERVEUR Oui?
EDOUARD   Ça fait combien, les cafés?
LE SERVEUR Quatre euros cinquante, s'il vous plaît.
EDOUARD   Voila! Bon, qu'est-ce qu'on fait maintenant? Ça te dit d'aller danser?
MIREILLE   Non, merci. Je dois rentrer. Il est déjà tard et j'ai une interro demain.
EDOUARD   Bon, comme tu veux. Alors, salut!
MIREILLE   Salut Edouard... *(to herself)* C'est la dernière fois que je sors avec lui. Il est trop nul, il n'aime rien.

Additional Listening Activity 6-2, p. 47

HUBERT   Venez nous rejoindre en famille pour une excursion formidable dans la vallée de la Loire. Le premier jour, un pique-nique sera organisé aux alentours de Saumur, suivi d'un tour inoubliable des châteaux avec, au programme, une visite guidée des tours et des cachots. Le deuxième jour, nous visiterons un petit zoo où donner à manger aux animaux est autorisé. Le troisième jour, pour le plus grand plaisir de vos enfants, nous passerons la journée dans le parc d'attractions de la région. Là, nous vous donnerons des tickets bons pour trois tours gratuits sur les montagnes russes! Et pour finir, avant de rentrer à Paris, vous assisterez à un superbe spectacle son et lumière sur les bords de la Loire.

Additional Listening Activity 6-3, p. 48

AHMED   Salut, petite sœur.
LATIFA Oh! Ahmed! Ça s'est bien passé, ta journée à Loches?
AHMED   Oui, super. Et tu ne devineras jamais ce qui m'est arrivé.
LATIFA Quoi? Raconte!
AHMED   Eh bien, j'ai rencontré une fille et j'en suis tombé amoureux.
LATIFA Alors ça, ça m'étonnerait. Tu es né pour être seul, toi!
AHMED   Je t'assure. Nous sommes arrivés ensemble à la gare et depuis, nous ne nous sommes pas quittés. Nous avons fait une visite guidée du château ensemble. Une fois, nous sommes même montés dans une tour, que tous les deux tout seuls et là...
LATIFA Et là, quoi?
AHMED   Eh ben... je l'ai embrassée.
LATIFA Toi? Embrasser une fille? Mon œil!
AHMED   N'importe quoi. Dis, au fait, ça te dit de faire un pique-nique ce week-end, Habib, toi, Sarah et moi?
LATIFA Sarah, c'est son nom?
AHMED   Oui.
LATIFA Alors, d'accord pour le pique-nique.

Additional Listening Activity 6-4, p. 48

MME MOISEL	Oui, Paul, vas-y. Nous t'écoutons.
PAUL	Cet été, j'ai passé des vacances incroyables. Mes parents m'ont envoyé en colonie de vacances au Portugal. Je ne comprends pas pourquoi les gens ne veulent pas aller au Portugal. Je pense que c'est parce qu'ils ne connaissent pas bien ce pays magnifique. Il y a des paysages sensationnels et les gens sont très sympas. Je suis tombé amoureux de ce pays. Je compte bien y retourner un jour et peut-être même y vivre.
MME MOISEL	C'est bien, Paul, ça mérite un treize sur vingt. Continue comme ça. Maintenant, est-ce que quelqu'un est allé à la montagne cet été... ?

Additional Listening Activity 6-5, p. 49

1.	LAURENT	Monsieur?
	L'HOMME	Oui, bonjour. Je voudrais trois billets pour Milly-la-Forêt, s'il vous plaît.
	LAURENT	D'accord. Voilà. Ça vous fait quinze euros.
	L'HOMME	Merci.
2.	LAURENT	Et pour vous, madame?
	LA FEMME	Je voudrais une place dans le car d'aujourd'hui pour Asnières.
	LAURENT	Asnières? Je suis désolé, Madame, mais il n'y a pas de car pour Asnières aujourd'hui. Le prochain part demain à neuf heures quinze. Sinon, vous pouvez toujours prendre le train. Il y en a un qui y va cet après-midi, je crois.
	LA FEMME	Ah. Bon, tant pis. Merci quand même.
3.	LE GARCON	C'est combien, un aller-retour pour Saint-Denis?
	LAURENT	C'est sept euros.
	LE GARCON	Bon, j'en voudrais un.
	LAURENT	Voilà.
	LE GARCON	Merci. Au revoir.
4.	LAURENT	Madame?
	LA FEMME	Pourriez-vous me dire à quelle heure part le car pour Bondy?
	LAURENT	Il y a un car toutes les demi-heures à partir de dix heures du matin. Le prochain part dans dix minutes.
	LA FEMME	De quel quai?
	LAURENT	Du quai cinq.
	LA FEMME	Merci.
	LAURENT	De rien. Au revoir, madame.

Additional Listening Activity 6-6, p. 49

L'EMPLOYE	Gare de Lyon. Bonsoir.
THUY	Oui, bonsoir, monsieur. Je voudrais quelques renseignements, s'il vous plaît.
L'EMPLOYE	Je vous écoute.
THUY	C'est combien, un aller simple pour Grenoble?
L'EMPLOYE	Une petite minute, ne quittez pas... alors, c'est quarante-deux euros.
THUY	Et un aller-retour?
L'EMPLOYE	Le double.
THUY	Le double? Ah, bon. Et pour Lyon?
L'EMPLOYE	Lyon, c'est un peu moins cher, quarante euros l'aller simple et nous offrons un tarif spécial sur les aller-retour, soixante-quinze euros, si vous partez après dix-neuf heures.
THUY	Bon, d'accord. A quelle heure est-ce que vous ouvrez demain?
L'EMPLOYE	Nous ouvrons les guichets à cinq heures trente.
THUY	Pourriez-vous me dire à quelle heure il y aura des trains pour Lyon samedi prochain?
L'EMPLOYE	Onze heures vingt, treize heures quarante, quinze heures cinq.
THUY	D'accord. Merci beaucoup.
L'EMPLOYE	Je vous en prie. Au revoir, mademoiselle.
THUY	Au revoir, monsieur.

LISTENING ACTIVITIES • SCRIPTS & ANSWERS

Answers to Additional Listening Activities • Chapitre 6

Additional Listening Activity 6-1, p. 47

Part **a.**

1. E	3. M	5. E	7. M	9. M
2. M	4. E	6. E	8. E	10. E

Part **b.**
1. Edouard suggests they go dancing.
2. Mireille turns him down. She says it's late and she has a test tomorrow.
3. Mireille doesn't like Edouard because she thinks he doesn't like anything.

Additional Listening Activity 6-2, p. 47

Le premier jour : c, e

Le deuxième jour : b

Le troisième jour : d, a

Additional Listening Activity 6-3, p. 48

   3   Il a fait une visite guidée du château avec Sarah.

   1   Il a rencontré une jeune fille qui s'appelle Sarah.

   4   Il est monté dans une tour avec Sarah.

   2   Ils sont arrivés à la gare.

   6   Il a proposé un pique-nique pour ce week-end.

   5   Il est rentré chez lui.

Additional Listening Activity 6-4, p. 48

1. Paul spent his vacation in <u>Portugal</u>.
2. Paul doesn't understand why people <u>don't want to go there</u>.
3. He thinks the place is <u>wonderful</u> and the people are <u>nice</u>.
4. Paul likes the place so much that he <u>wants to go back and even live there</u>.
5. The teacher liked Paul's work; she <u>gave him a thirteen out of twenty</u>.

Additional Listening Activity 6-5, p. 49

1. Le monsieur va à Milly-la-Forêt.
   Il voudrait <u>trois (3)</u> billets.
   Ça fait <u>15€</u>.
2. La femme voudrait aller à Asnières.
   Il n'y a pas de car <u>aujourd'hui</u>.
   Le prochain car part <u>demain</u> à <u>9h15</u>.
   Elle peut toujours prendre <u>le train</u>.
3. Le garçon veut aller à Saint-Denis.
   Il achète un <u>aller-retour</u>.
   Ça coûte <u>7€</u>.
4. La femme voudrait aller à Bondy.
   Il est 11h20. Le prochain car part à <u>11h30</u>.
   Il part du quai <u>cinq (5)</u>.

Additional Listening Activity 6-6, p. 49

	Grenoble	Lyon
un aller	42€	40€
un aller-retour	84€	75€

5:30 A.M.
11:20 A.M.

Première étape

6 Ecoutons!

1. — Salut, Edouard. Ça ne va pas?
   — Oh, j'ai mal à la tête.
   — Tu devrais boire de l'eau et prendre de l'aspirine.
2. — Eh bien, Jérôme, qu'est-ce que tu as?
   — J'ai un rhume. Je n'arrête pas d'éternuer et j'ai le nez qui coule.
   — Pauvre vieux!
3. — Jean-Claude. Jean-Claude! Psst! Tu n'as pas l'air en forme, toi. Quelque chose ne va pas?
   — Oh, j'ai mal dormi hier soir. J'ai passé une nuit blanche.
   — Tu devrais te reposer!

Answers to Activity 6

1. b   2. a   3. c
Remaining picture: (d) J'ai mal à la gorge.

9 Ecoutons!

1. — Et vous, qu'est-ce que vous avez?
   — Aïe, j'ai mal aux dents!
2. — Qu'est-ce que vous avez?
   — J'ai mal au bras et à la main. Je jouais au foot pendant le cours de sport et je suis tombé.
3. — Qu'est-ce qu'il y a?
   — J'ai fait de la natation hier et maintenant, j'ai vraiment mal à l'oreille.
4. — Qu'est-ce que vous avez?
   — J'ai joué au volley pendant le cours de sport et maintenant, j'ai mal à la main.

Answers to Activity 9

1. d   2. c, b   3. a   4. b

13 Ecoutons!

1. On a pas mal de clients ce matin! D'abord, quelqu'un s'est foulé la cheville en faisant une randonnée.
2. Et il y a quelqu'un qui s'est fait mal au coude, mais ça va maintenant.
3. Il y a aussi quelqu'un qui s'est coupé le doigt, mais ce n'est pas grave.

Answers to Activity 13

1. Véronique   2. Fatima   3. Tranh

Deuxième étape

19 Ecoutons!

1. — Salut, Josée. Dis, qu'est-ce que tu fais comme sport?
   — Ben, moi, j'aime surtout faire du jogging. J'en fais deux ou trois fois par semaine. Quelquefois, je fais aussi de l'aérobic.
2. — Et toi, Christelle?
   — Le mardi et le jeudi, je fais de la gymnastique et je fais de la musculation trois fois par semaine.
3. — Khalid, qu'est-ce que tu fais comme sport?
   — J'aime faire de la natation de temps en temps. En ce moment, je m'entraîne tous les jours au football américain.

Answers to Activity 19

Josée: jogging two or three times a week, aerobics sometimes

Christelle: gymnastics twice a week, weight-lifting three times a week

Khalid: swimming from time to time, football every day

23 Ecoutons!

1. — Ben, Bertrand, tu dois vraiment te mettre en condition. Pourquoi tu ne joues pas au tennis avec moi?
   — Oh, je n'ai pas le temps! En plus, je déteste le sport.
2. — Hélène? Ça n'a pas l'air d'aller.
   — Je suis toute raplapla.
   — Mais tu n'es pas en forme! Tu pourrais faire de l'exercice, faire de la gymnastique. C'est génial!
   — C'est une bonne idée. Peut-être que j'irai à la MJC demain.
3. — Ça va, Michel?
   — Non, je n'ai pas bien dormi hier soir.
   — Tu devrais peut-être te coucher plus tôt.
   — Tu as raison. Ce soir, je me couche à neuf heures!
4. — Tu sais, Cécile, tu devrais faire du sport. Pourquoi tu ne fais pas de la musculation ou au moins de l'exercice? On peut en faire ensemble!
   — C'est gentil, mais ce n'est pas mon truc, la musculation.

Answers to Activity 23

1. refuse
2. accepte
3. accepte
4. refuse

26 Ecoutons!

SABRINA Salut, Emile.

EMILE Salut, Sabrina. On commence?

SABRINA Oui, alors, tu vois, je commence par des pompes. Voilà, je te montre comment on fait. J'en fais... cinq. Alors... une, deux, trois, quatre... Et cinq! Ouf!

EMILE Bon. A mon tour. J'en fais cinq aussi! Une, deux, trois,... Oh, je n'en peux plus!

SABRINA Tu y es presque!

EMILE Quatre...

SABRINA Encore un effort!

EMILE Cinq!

Answers to Activity 26

Sabrina encourage Emile.

Troisième étape

32 Ecoutons!

1. — Et toi, Marie-Ange, tu te nourris bien?
   — Bof. Je ne sais pas. Je suis toujours pressée, donc, je saute souvent le petit déjeuner.
   — Est-ce que tu grignotes entre les repas?
   — Oui, des frites ou des chips. Mais au moins, je ne mange jamais de confiseries; je n'aime pas ça.

2. — Tu crois que tu te nourris bien, Ali?
   — Oui, je mange toujours des crudités et je bois deux litres d'eau par jour. Je fais aussi beaucoup de sport.
   — Tu grignotes entre les repas?
   — Oui, mais c'est toujours des fruits.

3. — Et toi, Philippe, tu te nourris bien?
   — Ben, je ne sais pas. Je mange souvent du riz et des pâtes pour avoir de l'énergie. J'évite de manger des produits riches en matières grasses.
   — Tu grignotes entre les repas?
   — Oui, malheureusement. J'adore les pâtisseries!

Answers to Activity 32

Good habits: Ali, Philippe
Bad habits: Marie-Ange, Philippe
Ali is the healthiest.

35 Ecoutons!

JULIE Mais qu'est-ce que tu as, David? Tu n'as pas l'air en forme.

DAVID Je me sens tout raplapla.

JULIE Alors, ça te fera du bien de m'accompagner au gymnase.

DAVID Quoi, faire de l'exercice? Non, c'est pas mon truc, ça.

JULIE On peut jouer au tennis, alors. Le tennis, c'est une bonne façon de se mettre en condition.

DAVID D'accord, d'accord. Un match, c'est tout.

JULIE Et après, tu devrais venir manger végétarien chez moi. Manger beaucoup de légumes, c'est bon pour la santé!

DAVID Bonne idée. J'aime bien les légumes... mais pas de petits pois, d'accord?

JULIE D'accord. Et tu devrais boire beaucoup d'eau... tiens, bois de l'eau minérale. C'est meilleur que le coca! Tu devrais éviter les boissons sucrées!

DAVID Merci. Alors, on va le faire, ce match?

Answers to Activity 35

De l'accompagner au gymnase, de faire du tennis, de manger beaucoup de légumes, de boire beaucoup d'eau, d'éviter les boissons sucrées.

Mise en pratique 2

Venez au Centre Equilibre Santé! Vous voulez vous mettre en forme et vous reposer en même temps? Chez nous, on offre des activités pour tous. On vous proposera un programme individuel en fonction de vos possibilités physiques : musculation, gymnastique, natation et des exercices de relaxation. Après, le sauna et les massages sont à votre disposition. Si vous téléphonez maintenant, on vous propose des excursions spéciales : choisissez l'excursion rafting, l'équitation ou le vélo tout terrain. Téléphonez maintenant pour profiter de ces excursions à prix spécial! Combattez le stress! Vous deviendrez une nouvelle personne!

Answers to **Mise en pratique** Activity 2

1. weightlifting, gymnastics, swimming, relaxation exercises
2. sauna and massage
3. rafting, horseback riding, mountain biking
4. call now

Additional Listening Activity 7-1, p. 55

MME DUPUIS	Marc! Réveille-toi! C'est l'heure.
MARC	Je suis malade, je ne me sens pas bien.
MME DUPUIS	Qu'est-ce que tu as? Qu'est-ce qui ne va pas?
MARC	Je me sens tout raplapla. J'ai le nez qui coule et j'ai mal à la gorge.
MME DUPUIS	Tu as sûrement un rhume.
MARC	Je crois que c'est la grippe. J'ai très mal dormi, tu sais. Je ne peux pas aller à l'école comme ça.
MME DUPUIS	Tu as raison, j'appelle le docteur tout de suite.
MARC	Le docteur?
MME DUPUIS	Oui, le docteur. Si tu as la grippe, il faut voir un docteur.
MARC	Mais, c'est peut-être juste un rhume ou des allergies. Je suis sûr que j'irai mieux ce soir. Attends un peu avant d'appeler le docteur.
MME DUPUIS	Mais, il y a deux minutes, tu disais que c'était la grippe.
MARC	Ben, non, je ne crois pas. En fait, ça va déjà mieux.
MME DUPUIS	Bon, alors prépare-toi vite pour l'école. Ton nez n'a plus l'air de couler.
MARC	Oui, d'accord.
MME DUPUIS	Et la prochaine fois, essaie de trouver une autre excuse pour ne pas aller à l'école!

Additional Listening Activity 7-2, p. 55

HABIB	Allô! Papa? C'est moi. Je t'appelle de l'hôpital. Je suis tombé de vélo. Heureusement, je ne me suis rien cassé, mais j'ai quand même mal partout. J'ai mal à la tête, j'ai mal au dos, au bras et à la jambe. Je me suis aussi foulé la cheville en essayant de ne pas tomber. Mais ne t'inquiète pas, le docteur m'a dit que je rentrerai à la maison demain matin. Si tu pouvais venir me chercher, ça m'arrangerait bien parce que le vélo est fichu. Je suis dans la chambre cent vingt-quatre, c'est au premier étage. Grosses bises, et à plus tard.

Additional Listening Activity 7-3, p. 56

JEAN-PAUL	Ah! Armand! Quelle surprise! Ça fait longtemps que tu n'es pas venu me voir. Comment vas-tu?
ARMAND	Pas trop mal. Et toi, qu'est-ce que tu deviens?
JEAN-PAUL	Toujours docteur. Dis donc, tu n'as pas l'air en forme.
ARMAND	Ben, j'ai souvent mal au dos.
JEAN-PAUL	Tu te fais vieux, comme moi.
ARMAND	Merci de me le rappeler.
JEAN-PAUL	Tu devrais faire de la gymnastique, de la musculation... Enfin, quelque chose pour te mettre en forme.
ARMAND	Bof, ça ne me dit rien.
JEAN-PAUL	Moi, pour me mettre en forme, je fais des pompes tous les matins, avant le petit déjeuner. Tu devrais essayer.
ARMAND	Non, ce n'est pas mon truc, les pompes.
JEAN-PAUL	Pourquoi tu ne viens pas me rejoindre dimanche au parc pour faire un peu d'exercice? Ça te fera du bien. Et puis, tu verras, ton dos ira beaucoup mieux.
ARMAND	Tu as peut-être raison.
JEAN-PAUL	Tu devrais me faire confiance. Je suis ton docteur, non?
ARMAND	Bon d'accord. Je passe chez toi dimanche. A quelle heure?
JEAN-PAUL	Sept heures, ça va?
ARMAND	Quoi? Tu te lèves à sept heures pour aller faire du sport? Un dimanche matin?
JEAN-PAUL	Bien sûr. C'est la meilleure heure. Allez, à dimanche.
ARMAND	C'est ça, oui. Au revoir.

Additional Listening Activity 7-4, p. 56

JEAN-PAUL	Allez, Armand! Encore un effort.
ARMAND	Je n'en peux plus.
JEAN-PAUL	Tu y es presque, plus que cent mètres à faire.
ARMAND	Ah, non! J'abandonne.
JEAN-PAUL	Oh là là! Tu devrais vraiment faire de l'exercice plus souvent.
ARMAND	Ah, non! Quand je pense que ma sœur fait de l'aérobic tous les jours. Rien que d'y penser, moi, je dis «au secours».
JEAN-PAUL	Tu sais, il faut t'entraîner au moins deux fois par semaine si tu veux être en forme et ne plus avoir mal au dos.
ARMAND	Peut-être, mais maintenant, j'ai mal partout.
JEAN-PAUL	Heureusement qu'on n'a pas fait d'abdominaux! Et puis, tu devrais suivre un régime, c'est très important aussi pour rester en forme.
ARMAND	Ça aussi, c'est plus facile à dire qu'à faire.
JEAN-PAUL	Ecoute, arrête de te plaindre. Viens donc à la maison prendre un jus de fruit. On parlera de tout ça.
ARMAND	Enfin une bonne idée.

Additional Listening Activity 7-5, p. 57

DANIELE	Chère Madame, Je viens de recevoir les résultats de vos examens. Vous êtes presque en parfaite santé. Je dis presque parce qu'il y a quand même une chose à laquelle il faut que vous fassiez très attention. Votre niveau de cholestérol est beaucoup trop élevé pour l'ignorer. Je vous recommande, pour y remédier, de suivre ces quelques conseils que je donne à tous mes patients qui ont ce problème. Il faut : — faire plus d'exercice, comme de l'aérobic ou de la gymnastique, par exemple. — manger plus de légumes et moins de matières grasses. — éviter de grignoter entre les repas; c'est très mauvais. — manger moins de sel ainsi que de sucre, si vous en consommez trop. — surtout ne jamais sauter de repas. Voilà, je compte bien vous revoir d'ici quelques mois pour de nouveaux résultats qui, j'espère, seront parfaits, cette fois-ci. N'hésitez pas à m'appeler si vous désirez de plus amples informations.

Additional Listening Activity 7-6, p. 57

MME CHABERT	Alors, Alice! Ça te plaît, ce petit dîner que je t'ai préparé?
ALICE	Oui, mais j'ai rajouté trop de sel dans mes haricots.
MME CHABERT	On doit toujours goûter avant de mettre du sel. Trop de sel, ce n'est pas bon pour toi, tu le sais. Et toi, Philippe?
PHILIPPE	Ben, moi, j'ai pas faim.
MME CHABERT	Ah! Ça, non alors. Il ne faut pas sauter de repas. Philippe, si tu ne grignotais pas toujours entre les repas, peut-être que tu aurais faim à l'heure du dîner.
DENISE	Moi, j'ai plutôt envie d'un truc sucré.
MME CHABERT	Mais enfin! Tu as fini de te plaindre, Denise? Tu m'énerves, à la fin.
DENISE	Pardon, Maman. Ce que je voulais dire, c'est que je suis prête pour le dessert.
MME CHABERT	Tu manges trop de sucre, tu sais, Denise.
DENISE	Peut-être, mais c'est quand même mieux que le sel. N'est-ce pas, Alice?
ALICE	Oh, arrête un peu!
MME CHABERT	Vous avez fini, oui? Tout ce que je veux dire c'est qu'il ne faut manger ni trop de sel ni trop de sucre; et toi, Philippe, ne saute plus de repas.

Additional Listening Activity 7-1, p. 55

1. The following symptoms should be checked:
sore throat	runny nose
feels weak	couldn't sleep
2. Answers may vary. Possible answer:
   Marc is pretending he's sick. When his mother says she'll call the doctor, he gets better and has to go to school.

Additional Listening Activity 7-2, p. 55

1. the hospital
2. He fell off his bicycle.
3. He's sore all over, and he has a sprained ankle.
4. pick him up at the hospital tomorrow
5. Room 124, second floor

Additional Listening Activity 7-3, p. 56

1. false
2. false
3. false
4. false
5. true
6. false
7. true
8. true

Additional Listening Activity 7-4, p. 56

1. He gives up.
2. She does aerobics every day.
3. work out at least twice a week
4. go to the doctor's house to have some juice and talk

Additional Listening Activity 7-5, p. 57

Nom _Sorel_   Prénom _Danièle_
Etat de santé général : _presque parfait_
Niveau de cholestérol : _trop élevé_
Conseils :
     Faire plus d'exercice
     Manger plus de légumes
     Manger moins de matières grasses
     Eviter de grignoter entre les repas
     Ne pas consommer trop de sel, de sucre
     Ne pas sauter de repas

Additional Listening Activity 7-6, p. 57

ALICE : She puts too much salt on her food.
PHILIPPE : He snacks between meals, so he isn't hungry at mealtime.
DENISE : She eats too many sweets.

Première étape

7 Ecoutons!

1. — Qu'est-ce qu'il y a, Sylvie?
   — Oh, mon village me manque. C'était tellement calme là-bas.
   — T'en fais pas! Tu vas t'y faire. Tu vas voir, il y a beaucoup de choses à voir et à faire ici.

2. — Ça va, Emile?
   — Tu vois, mes copains me manquent. On jouait toujours ensemble dans le village.
   — Mais tu vas te plaire ici aussi! Tout le monde est très sympa.

3. — Pourquoi tu fais la tête, Francine?
   — Ce qui me manque, c'est de faire du ski. Mais c'est impossible ici! Il ne neige jamais!
   — Allez! Fais-toi une raison. Pourquoi pas faire du ski nautique? Tu vas voir, c'est super cool!

4. — Ça va, Bertrand?
   — Oh, je regrette les repas en famille. Toute la famille se réunissait pour le dîner. Ici, je mange seul.
   — Tu vas voir, tu vas te faire des amis.

Answers to Activity 7

1. a   2. c   3. b   4. d

11 Ecoutons!

JUSTIN   Alors Mamadou, comment tu trouves notre grande ville? Géniale, hein?

MAMADOU   Euh... C'est très différent de mon village, ça c'est sûr! C'est beaucoup plus animé.

JUSTIN   Tu vois, je t'avais dit qu'Abidjan te plairait.

MAMADOU   Oui, c'est vrai, mais qu'est-ce que je suis fatigué! Avec toutes ces voitures, c'est impossible de bien dormir. C'est beaucoup trop bruyant!

JUSTIN   Ben moi, je préfère ça à un petit village isolé et mortel. Tu verras, d'ici peu, tu t'habitueras au bruit.

MAMADOU   Et puis, mon village était quand même plus propre et moins dangereux, et ça, ça me manque vraiment.

JUSTIN   Ecoute, on ne peut pas tout avoir! En tout cas, moi, j'adore Abidjan. C'est peut-être un peu moins tranquille et un peu plus sale que chez toi, mais au moins, c'est très vivant.

MAMADOU   Oui, tu as raison. Après tout, j'ai beaucoup de chance de pouvoir habiter avec toi et de pouvoir continuer mes études. Bon, j'arrête de me plaindre! Et si on allait se promener?

JUSTIN   Oui, bonne idée! Je vais te montrer des endroits que tu n'as encore jamais vus. Ça va être super!

MAMADOU   D'accord, allons-y!

Answers to Activity 11

His village was quieter, cleaner, and safer; go for a walk in the city

Deuxième étape

17 Ecoutons!

YAPO   Alors, Mme Koré, vous étiez comment quand vous étiez enfant?

MME KORE   Oh, j'étais parfois pénible. Je posais constamment des questions à ma mère. Oui, je l'ennuyais beaucoup.

YAPO   Et est-ce que vous l'aidiez aussi?

MME KORE   Oui, j'avais des responsabilités à la maison. Je devais sortir la poubelle, balayer la terrasse et aider ma mère à faire la cuisine. J'aimais faire tout ça. C'était amusant de faire la cuisine avec ma mère.

YAPO   Vous aviez des frères et sœurs?

MME KORE   Oui, j'avais deux frères. On s'entendait très bien. Je ne les taquinais jamais. Ils étaient gentils.

YAPO   Vous faisiez des bêtises?

MME KORE   Bien sûr, comme tous les enfants! J'étais parfois embêtante, mais pas trop. Mais je n'avais pas de soucis! Ah, que c'était bien, quand j'étais petite.

Answers to Activity 17

Corrected sentences: Elle ne taquinait pas ses frères. Elle faisait des bêtises.

19 Ecoutons!

Oh, pour vous, les jeunes d'aujourd'hui, la vie est plus facile qu'avant. Quand j'étais enfant, la vie était dure. Les filles n'avaient pas le droit d'aller à l'école; ça, c'était pour les garçons. Nous, les filles, on restait à la maison, on faisait le ménage et on s'occupait de nos frères et sœurs. C'était beaucoup plus difficile que maintenant. Je devais travailler tous les jours! Oh, la vie était dure! Je ne la regrette pas.

Answers to Activity 19

1. faux   2. faux   3. vrai   4. faux

Troisième étape
27 Ecoutons!

1.   JUSTIN   Tu sais, l'architecture à Abidjan n'est pas toujours moderne. Là, par exemple, ce style est très différent de celui de la cathédrale que tu as vue tout à l'heure.

MAMADOU   Oui, c'est beaucoup plus traditionnel. Je préfère ça.

2. MAMADOU   Où est-ce qu'on va maintenant?

JUSTIN   C'est une surprise, mais je suis sûr que tu vas aimer.

MAMADOU   Allez, dis-moi.

JUSTIN   Sois patient. Tu verras, c'est un endroit super où on peut trouver des tas de choses géniales, surtout des tissus. Voilà. On y est.

3. MAMADOU   Dis donc, qu'est-ce qu'il fait chaud!

JUSTIN   Oui, tu as raison. Et puis, on a aussi beaucoup marché. Je suis un peu fatigué, moi. Pas toi?

MAMADOU   Si. On s'arrête quelques minutes pour se reposer? Et si on allait boire un verre?

JUSTIN   D'accord.

4. MAMADOU   Oh, là là! Avec tout ça, j'ai complètement oublié d'acheter des cadeaux pour mes frères.

JUSTIN   Ce n'est pas trop tard. On peut s'arrêter ici, si tu veux.

MAMADOU   Bonne idée. Comme ça, je pourrai acheter un masque pour Henri et un tam-tam pour Félix. Ça lui fera plaisir, il adore la musique.

Answers to Activity 27

1. b   2. e   3. a   4. c

Mise en pratique 2

Quand j'étais jeune, j'habitais à Abidjan. Maintenant, j'habite dans un petit village au nord de Bouaké. La vie au village, c'est pas mal. C'est propre et très tranquille. Et puis, tout le monde se connaît. Bien sûr, en ville, il y avait plus de choses à faire. J'avais beaucoup d'amis et je sortais souvent. On allait voir des concerts ou bien on allait au théâtre. Je conduisais une voiture super. Le week-end, mes amis et moi, nous allions à la plage. C'était bien, mais on avait plus de soucis. Ici, j'ai des responsabilités aussi, mais c'est moins stressant.

Answers to **Mise en pratique** Activity 2

What Adamou used to do in Abidjan: go out with friends, go to concerts and the theater, drive a great car, go to the beach.

What Adamou mentions about the village: It's not too bad. It's clean and very calm. Everyone knows each other and it's less stressful.

Scripts for Additional Listening Activities • Chapitre 8

Additional Listening Activity 8-1, p. 63

CELESTINE	Dis-moi Brian, ça ne te manque pas trop, le Texas?
BRIAN	Un peu, mais pas trop. Vivre au Texas, ça peut être parfois mortel, tu sais.
CELESTINE	Comme ça doit être tranquille, là-bas.
BRIAN	Oui, même trop, quelquefois. J'aime mieux Abidjan. C'est plus animé et puis, les gens sont sympas.
CELESTINE	C'est sûr. Mais avoue que c'est quand même plus dangereux, Abidjan.
BRIAN	Non, je ne trouve pas, pas plus que le Texas. Tu sais, le crime, ça existe partout.
CELESTINE	C'est vrai. Moi, ce qui me manque, c'est mon village. C'était plus calme... moins bruyant.
BRIAN	Dis, tu t'es déjà baignée dans la lagune?
CELESTINE	Tu es fou! L'eau est bien trop sale.
BRIAN	Ah bon? Eh bien, tu vois. Ça, ça me manque.
CELESTINE	Quoi? L'eau propre?
BRIAN	Mais non. Me baigner. Au Texas, il y a beaucoup de lacs dans lesquels on peut se baigner.
CELESTINE	Ah, oui? Tu sais, à Abidjan, on peut toujours aller à la plage. Tu vas voir, tu vas t'y faire.
BRIAN	J'espère. J'adore nager; c'est très bien pour rester en forme.
CELESTINE	Ah! C'est l'heure de mon cours d'anglais. Il faut que j'y aille.
BRIAN	Moi aussi. Alors, tu m'emmènes à la plage cette semaine?
CELESTINE	OK. On s'appelle. Salut.

Additional Listening Activity 8-2, p. 63

PATRICK	Pépé! C'était comment, la vie, avant?
M. BRIQUET	Eh bien, de mon temps, la vie était beaucoup plus tranquille. Les villes étaient beaucoup moins polluées et beaucoup moins bruyantes aussi.
DENISE	Pourquoi? Il y avait moins de voitures?
M. BRIQUET	Oui, entre autres. Les rues étaient moins dangereuses. Tout était tellement différent.
DENISE	Est-ce qu'il y avait des écoles?
M. BRIQUET	Oui, bien sûr. Mais, beaucoup moins. Et puis, en classe, il y avait des enfants de tous les âges. C'est pas comme maintenant où vous avez tous le même âge. Par contre, maintenant, la vie est plus animée, c'est sûr. Vous avez de la chance. Vous pouvez faire beaucoup de choses qu'on ne pouvait pas faire de mon temps.
PATRICK	Ouais, peut-être. Mais toi, ça ne te manque pas, la vie simple et tranquille que tu avais quand tu étais jeune?
M. BRIQUET	Oh, pas vraiment. Et puis, de toute façon, il faut vivre avec son temps. Vous savez, il y a toutes sortes de choses formidables aujourd'hui. Tout arrive, plus rien n'est impossible. Vous allez voir qu'un de ces jours, vous aurez votre appartement sur une autre planète.
DENISE	Ah non, quelle horreur! Je ne veux pas.
M. BRIQUET	Mais si. Tu verras. Et je suis sûr que ça te plaira.

Additional Listening Activity 8-3, p. 64

Quand j'étais petit, je n'étais pas grand.
Quand elle était petite, elle n'était pas grande.
Nous étions amis, oui. Mais pourtant...
Je la taquinais, elle me taquinait, je la taquinais, elle me taquinait,
Et tout ça, à longueur de journée.
Quand j'étais petit, je faisais des bêtises,
Quand elle était petite, elle faisait des bêtises,
On ne s'ennuyait pas. Et maintenant...
J'ai des responsabilités,
Elle a des responsabilités,
Nous avons tous des responsabilités,
On n'a plus le temps de se parler,
On n'a plus le temps de faire des bêtises,
On n'a plus le temps de se taquiner...

Addtional Listening Activity 8-4, p. 64

M. SOLIGNAC	Bonjour, jeune homme. Vous êtes... ?
JEAN-JACQUES	Jean-Jacques Gémeaux.
M. SOLIGNAC	Enchanté, Jean-Jacques. Alors, vous êtes ici pour le poste d'animateur?
JEAN-JACQUES	Oui, j'adore les colonies de vacances et les enfants. Quand j'étais petit, pendant les vacances d'été, il y avait toujours des colonies de vacances à côté de chez moi. C'était très animé et puis, c'était très amusant de jouer avec les enfants.
M. SOLIGNAC	Ah, très bien! Et qu'est-ce que vous aimiez faire quand vous étiez petit?
JEAN-JACQUES	Et bien, quand j'avais dix ans, j'aimais beaucoup jouer au foot. Je faisais aussi beaucoup de bêtises. Je me souviens que je détestais faire la sieste aussi.
M. SOLIGNAC	Bien, bien. Et maintenant, qu'est-ce que vous aimez faire?
JEAN-JACQUES	Maintenant, ce que j'aime surtout, c'est avoir des responsabilités et aider les autres.
M. SOLIGNAC	D'accord. Est-ce que vous avez votre permis de conduire?
JEAN-JACQUES	Ah, je regrette, non. Je n'ai que dix-sept ans.
M. SOLIGNAC	Ah, c'est ennuyeux. Vous savez, il faut conduire les enfants du camping à la plage tous les jours. Bon, eh bien, Jean-Jacques, je vous remercie. On vous rappellera.
JEAN-JACQUES	Merci. Au revoir, monsieur.
M. SOLIGNAC	Au revoir, Jean-Jacques.

Additional Listening Activity 8-5, p. 65

SERGE	Eh, Marina, si on jouait aux «Richesses du monde»?
MARINA	D'accord. Tu veux visiter quel pays?
SERGE	Hmm, si on visitait... La Côte d'Ivoire?
MARINA	D'accord. Alors, je commence. Quelle est la capitale de la Côte d'Ivoire?
SERGE	Voyons... la capitale, je dirais Tombouctou.
MARINA	Je regrette, mon grand, mais c'est Yamoussoukro.
SERGE	Zut! Oh là là, ça commence mal...
MARINA	Attention, prépare-toi... Deuxième question : quels sont deux objets artisanaux fabriqués en Côte d'Ivoire?
SERGE	Euh... Je ne sais pas, moi... Un pagne et un tam-tam.
MARINA	Bravo!
SERGE	Ah, tu vois que je suis pas si nul que ça!
MARINA	Troisième question : quel océan borde la Côte d'Ivoire?
SERGE	Ça, c'est difficile. Tu sais, moi, la géographie, c'est pas mon fort. Et si on allait au cinéma?
MARINA	Bonne idée. Allons-y!

Additional Listening Activity 8-6, p. 65

JEAN	Tiens, salut, Karim! Comment ça va?
KARIM	Comme ci comme ça. La vie à Paris pendant les vacances, c'est vraiment pas drôle.
JEAN	Ecoute, fais-toi une raison. Tu partiras l'année prochaine.
KARIM	Ouais, ouais. Ce qui me manque, c'est le soleil, l'exotisme... Enfin. Et toi, au fait, c'était comment, la Côte d'Ivoire?
JEAN	Oh, passionnant! Tu sais, c'est un pays très chouette. Tout est bien plus tranquille qu'ici. La vie est simple au moins, là-bas.
KARIM	Ça a l'air bien. Dis, au fait, tu as appris à jouer du tam-tam?
JEAN	Un petit peu. Mais j'ai surtout passé mon temps dans les marchés et dans les maquis.
KARIM	Dans les maquis?
JEAN	En Côte d'Ivoire, un maquis, c'est un restaurant.
KARIM	Tiens, je ne savais pas. Dis donc, elle est sympa, ta chemise. C'est du tissu de là-bas?
JEAN	Oui. J'aime bien toutes ces couleurs.
KARIM	Est-ce que tu as rapporté un souvenir pour ta copine?
JEAN	Bien sûr, un pagne. Elle adore les objets artisanaux. Dis-moi, quelle heure est-il, s'il te plaît?
KARIM	Presque trois heures.
JEAN	Oh là là, je vais être en retard! Bon, il faut que j'y aille. A bientôt, Karim.
KARIM	Salut, Jean. On se téléphone.

Additional Listening Activity 8-1, p. 63

1. vrai
2. vrai
3. faux
4. vrai
5. vrai
6. faux
7. vrai

Additional Listening Activity 8-2, p. 63

Possible answers:

In the past, . . .	In the present, . . .
more peaceful	more exciting
less noisy	can do a lot more
fewer cars	nothing is impossible
streets less dangerous	a lot of great things
everything was different	
fewer schools	
kids of different ages in one class	

In the future, . . .
the kids will have an apartment on another planet.

Monsieur Briquet doesn't miss the simple, quiet life of his youth. He believes you have to live for the present.

Additional Listening Activity 8-3, p. 64

1. (Answers will vary.) the writer's sister or friend
2. They teased each other and did a lot of silly things.
3. Now, they have responsibilities and no time for childish things.
4. (Answers will vary.) The writer misses his carefree childhood when he had a lot of time for childish things and no responsibilities.

Additional Listening Activity 8-4, p. 64

Age : _____17_____
Intérêts :
Quand il était jeune,
  il aimait jouer au foot.
  il faisait des bêtises.
  il détestait faire la sieste.
Maintenant,
  il aime avoir des responsabilités et aider les autres.
Points négatifs : Il n'a pas son permis de conduire.

Additional Listening Activity 8-5, p. 65

Question	Right	Wrong	No answer	Answer should be
1.		X		Yamoussoukro
2.	X			
3.			X	Atlantic Ocean

Additional Listening Activity 8-6, p. 65

The pictures should be numbered in this order:
1. tam-tam
2. maquis
3. tissu
4. pagne

Jean spent most of his time in the markets and in the **maquis.**

He brought back a shirt made of African cloth and a **pagne** for his girlfriend.

Première étape

7 Ecoutons!

— Tu as vu Kim hier soir? Elle avait l'air déprimée. Qu'est-ce qu'elle a, à ton avis?

— Rien du tout. Je crois qu'elle était juste fatiguée. Mais Serge avait l'air mal à l'aise, par contre.

— Oui, je crois qu'il n'est pas très sociable. Maria était de bonne humeur, en tout cas. Elle est vraiment sympa, cette fille!

— Oui, c'est une bonne copine. Dis donc, tu as vu Maud casser le vase?

— Non, c'est pas vrai!

— Mais si! Elle était vraiment gênée!

— Ah ouais? J'ai raté ça.

— En tout cas, Paul et Victor se sont fait remarquer par tout le monde.

— Ah oui, alors! Ces deux-là, ils ne peuvent pas jouer aux cartes sans se disputer. Victor était furieux!

— Eh, tu as remarqué que Guillaume avait l'air inquiet? Je me demande pourquoi...

— Ben... Je crois qu'il attendait sa petite amie et qu'elle n'est jamais arrivée. Elle était malade et elle n'a pas pu lui téléphoner.

Answers to Activity 7

1. f 2. b 3. e 4. d 5. g 6. c

11 Ecoutons!

1. — Salut, Patricia. J'ai un petit problème... Pascale ne me parle plus, et je ne sais pas pourquoi.
   — T'en fais pas. Peut-être qu'elle a passé une mauvaise journée.
   — Oui, tu as peut-être raison.
2. — Et toi, Jérôme, qu'est-ce que t'en penses?
   — Peut-être qu'elle est de mauvaise humeur parce qu'elle a eu une mauvaise note.
   — Ça m'étonnerait. Elle étudie tout le temps!

3. — Marc, qu'est-ce que tu en dis?
   — Ecoute, elle est sans doute déprimée parce qu'elle n'a pas pu sortir ce week-end.
   — C'est possible.
4. — Thuy, tu as une idée?
   — Je parie que tu as oublié de lui téléphoner.
   — Là, tu te trompes. Je lui ai téléphoné hier soir, mais elle a refusé de me parler.

Answers to Activity 11

1. accepts 2. rejects 3. accepts 4. rejects

Deuxième étape

15 Ecoutons!

1. Tu as entendu la nouvelle? Sa voiture est tombée en panne quand elle allait chez ses grands-parents.
2. Figure-toi qu'il a rencontré une fille au parc, et il est tombé amoureux d'elle!
3. Tu sais qu'il s'est disputé avec sa copine? D'ailleurs, ils ont cassé.
4. Tu connais la nouvelle? Oui, un accident de vélo, c'est pas marrant, ça. Mais quand on trouve vingt euros, c'est pas si mal!
5. Oh, il a été privé de sortie, c'est tout.

Answers to Activity 15

1. (d) Amina 3. (b) Romain 5. (c) Thibaut
2. (e) Didier 4. (a) Marie

17 Ecoutons!

1. — Eh, Jérémy, devine ce que j'ai vu hier!
   — Aucune idée. Dis vite!
   — J'ai vu Philippe et Julie ensemble au cinéma!
2. — Salut, Carole. Tu connais la nouvelle?
   — Non, quoi?
   — Diane et Frédéric se sont disputés. Ils ont cassé!
   — C'est pas vrai!

3. — Tu ne devineras jamais ce qui s'est
  passé!
  — Je ne sais pas. Raconte!
  — Thierry faisait du ski ce week-end,
  et il s'est cassé la jambe!
  — Pas possible! Pauvre Thierry!
4. — Tu sais ce que j'ai entendu dire?
  — Aucune idée. Quoi?
  — Charlotte a trouvé un billet de cent
  euros dans la rue!

Answers to Activity 17

1. b   **2.** d   **3.** c   **4.** a

Troisième étape
24 Écoutons!

— A propos, tu sais ce qui m'est arrivé?
— Aucune idée. Raconte!
— Quelle journée, je te dis pas! J'avais
rendez-vous avec Annick à deux
heures. J'attendais le bus pour aller
chez elle quand j'ai vu ma copine
Sylvie qui marchait dans la rue. On a
parlé. Je lui ai raconté la boum de
samedi dernier, l'interro de français,
Patrick — il est tellement beau
celui-là! —, mes parents...
— Et après?
— Bref, il était deux heures et quart
quand je me suis rendu compte que
j'étais en retard pour mon rendez-vous.
J'avais aussi un autre problème : je
n'avais plus mon sac! Je savais bien
qu'Annick m'attendait chez elle, mais
je devais d'abord retrouver mon sac,
quoi!
— Alors, qu'est-ce que tu as fait?
— Tu ne devineras jamais ce qui s'est
passé. Je commençais à me désespérer
quand j'ai vu Patrick qui courait vers
moi. Il avait mon sac à la main! Une
sacrée coïncidence, non? Il m'a donné
mon sac, et je l'ai remercié.
— Et Annick?
— Je lui ai téléphoné. Heureusement, elle
n'était pas fâchée. Patrick et moi
sommes allés au café, et Annick nous a
rejoints plus tard. Finalement, ça a été
un après-midi super!

Answers to Activity 24

b, a, d, c

Mise en pratique 2

MANON   Devine ce qui est arrivé à
        Eléonore hier!
TRISTAN Aucune idée. Dis vite!
MANON   Elle avait rendez-vous au café
        avec Laurent, mais elle a eu un
        accident de voiture. Heureuse-
        ment, ce n'était pas grave,
        mais elle était de très mau-
        vaise humeur après.
TRISTAN Evidemment! Après un acci-
        dent de voiture!
MANON   Bref, Laurent l'a attendue au
        café pendant une heure. Il était
        super fâché. Quand Eléonore
        est enfin arrivée, ils se sont
        disputés et Laurent a cassé
        avec elle.
TRISTAN Ce n'est pas possible! Il est
        très amoureux d'elle.
MANON   C'est ce que je pensais aussi.
        Eléonore lui a expliqué ce qui
        s'était passé, mais il ne l'a
        même pas écoutée. A mon
        avis, ça cache quelque chose.
TRISTAN C'est possible. Mais quoi?
MANON   Je parie que Laurent a rencon-
        tré une autre fille.
TRISTAN Je ne crois pas.
MANON   Si! Evelyne l'a même vu au
        cinéma avec une très jolie fille
        vendredi.
TRISTAN Ah oui? Alors, tu as peut-être
        raison.

Answers to Mise en pratique Activity 2

Possible answers:
1. She had a car accident.
2. No. He was angry because he had been
   waiting an hour.
3. She had a fight with Laurent and he broke
   up with her.
4. She thinks he's hiding the fact that he has
   a new girlfriend. A friend saw him with a
   girl at the movies.
5. Yes. He says she may be right.

Additional Listening Activity 9-1, p. 71

Cher public, bonjour. Pour ceux qui ne me connaissent pas encore, je suis le docteur Detaite. Si vous en avez assez d'être fatigué, inquiet, mal à l'aise, énervé à longueur de journée, je tiens la solution à tous vos problèmes, que ce soient des problèmes dans votre mariage, au travail ou avec vos amis. Téléphonez-moi au zéro quatre, quarante-cinq, cinquante-quatre, vingt-sept, soixante et un. Evidemment, l'appel est gratuit!

Alors, n'hésitez pas un instant! Redevenir de bonne humeur, amoureux de la vie, c'est possible avec ma méthode, la méthode du docteur Detaite! Eh oui, je parie que vous m'écoutez en ce moment et que vous vous dites : «Tiens, il a peut-être raison».
Eh bien, allez-y, foncez, ayez le déclic zéro quatre, quarante-cinq, cinquante-quatre, vingt-sept, soixante et un. A tout de suite...

Additional Listening Activity 9-2, p. 71

DOMINIQUE	Bonjour, Odile.
ODILE	Salut, Dominique. Merci d'être venue si vite!
DOMINIQUE	Mais, qu'est-ce qui se passe? Tu as l'air vachement déprimée! Tu t'es disputée avec Eric?
ODILE	Non, c'est pas avec Eric que ça va pas. J'en ai assez de l'école.
DOMINIQUE	Pourtant tu as presque fini, non? Je crois que tu devrais continuer, tu es faite pour les études!
ODILE	A mon avis, tu te trompes. Les études me mettent de mauvaise humeur. En plus, je suis déprimée tout le temps avec tous les devoirs que j'ai à faire.
DOMINIQUE	Allez, ce n'est qu'un mauvais moment à passer. Je crois que tu es juste énervée et inquiète parce que les examens arrivent, c'est tout.
ODILE	Peut-être que tu as raison. Je devrais prendre le temps de me relaxer un peu.
DOMINIQUE	Voilà une bonne parole! Alors, cet après-midi, je t'emmène au cinéma. Tu verras, ça va te faire du bien.
ODILE	D'accord. C'est vraiment super de ta part. Je sens que ma bonne humeur revient petit à petit.
DOMINIQUE	Très bien. Allons-y. Je parie que tu as envie de voir le dernier film de Depardieu.
ODILE	Comment tu as deviné?
DOMINIQUE	Je te connais, c'est tout. Allez, en route.

Additional Listening Activity 9-3, p. 72

LIEN	Allô, Sylvain?
SYLVAIN	Oui...
LIEN	Salut, c'est Lien.
SYLVAIN	Ça va? Tu as l'air embêtée...
LIEN	Oh, Sylvain! Tu ne devineras jamais ce qui est arrivé.
SYLVAIN	Quoi? Qu'est-ce qu'il y a? Dis vite. Tu t'es disputée avec tes parents?
LIEN	Non, non. C'est pire que ça! J'étais privée de sortie parce que je suis rentrée trop tard samedi soir. Mais, comme je m'ennuyais, j'ai pris la voiture de ma mère pour aller faire un tour...
SYLVAIN	Et tu as eu un accident?
LIEN	Non, pas un accident. Mais, je suis tombée en panne. Ma mère va vraiment être fâchée quand elle va savoir ça.
SYLVAIN	Tu es où?
LIEN	Je suis sur le cours Mirabeau, dans le Café des Deux Garçons très exactement.
SYLVAIN	Bon, alors, ne t'inquiète pas. J'ai un copain mécanicien. Je lui téléphone et on vient te dépanner.
LIEN	Sylvain, je t'adore. Tu es vraiment génial!
SYLVAIN	Pas de problème, Lien! On arrive d'ici une demi-heure.
LIEN	Merci. Merci mille fois. A tout de suite.

RAISSA	Tu connais la nouvelle?
HABIB	Non, raconte.
RAISSA	Tu ne sais pas ce qui est arrivé à Fabienne pendant les vacances?
HABIB	Mais, non, je te dis! Raconte!
RAISSA	Eh bien, pendant ses vacances à l'île d'Oléron, Fabienne a rencontré quelqu'un...
HABIB	Ah, oui? Qui ça? Un acteur célèbre? Un chanteur? Le président de la République?
RAISSA	Mais non. Oh là là, ce que tu es bête! Elle a rencontré un garçon.
HABIB	Et alors? Je vois pas ce qu'il y a d'incroyable. C'est si rare que ça, les garçons sur l'île d'Oléron?
RAISSA	Arrête un peu de faire l'idiot ou je ne te raconte pas la suite. Bref, elle est tombée amoureuse de ce garçon, mais figure-toi qu'il partait le lendemain. Alors, il lui a donné rendez-vous à Paris ce week-end.
HABIB	Ouaouh!! C'est plutôt sympa, tout ça. Alors, dis-moi... il s'appelle comment? Il est beau?
RAISSA	Aucune idée. Je ne l'ai jamais vu, mais Fabienne a l'air vachement amoureuse.
HABIB	Oh là là! Elle a rendez-vous avec lui quand?
RAISSA	Demain, samedi. Tu te rends compte!
HABIB	Tu me téléphones dimanche si tu as des nouvelles, d'accord?
RAISSA	Promis. A dimanche. Salut.
HABIB	Au revoir, Raïssa.

Additional Listening Activity 9-5, p. 73

BERNARD	Dis, Armand, qu'est-ce que tu as fait cet été? Tu as trouvé un job?
ARMAND	Oui, j'ai travaillé un mois dans un restaurant. Ce n'était pas drôle!
BERNARD	Comment tu as trouvé ça? Tu connaissais quelqu'un?
ARMAND	Non, pas du tout! J'ai vu une annonce dans le journal. Alors, j'y suis allé. Il fallait tout simplement dire «oui» aux clients et ne pas casser la vaisselle.
BERNARD	Et tu n'as jamais cassé de vaisselle?
ARMAND	Si. C'est même pour ça que je ne suis resté qu'un mois.
BERNARD	Alors, qu'est-ce que tu as fait après?
ARMAND	J'ai cherché autre chose. Ça a été difficile! J'ai travaillé dans une ferme, une semaine. J'aime bien les animaux, mais les animaux ne m'aiment pas. Et puis, il fallait se lever à cinq heures du matin! Alors, j'ai travaillé dans un garage, mais c'était trop fatigant. Finalement, j'ai fait le guide dans un site préhistorique, près de Tayac. Ça, ça me plaisait bien. Malheureusement, quand j'ai commencé, c'était déjà la fin des vacances. Et puis, je ne gagnais pas beaucoup. Et à la fin des vacances, les touristes n'ont plus d'argent! Ils ne sont pas généreux.

Additional Listening Activity 9-6, p. 73

M. LACRAIE	Ce n'est pas possible, ça! Tu es encore en retard. Ça fait trois fois cette semaine.
PIERRE	C'est-à-dire que...
M. LACRAIE	Ah non! Ne me dis pas que tu as encore raté le bus!
PIERRE	Non, pas cette fois-ci. Vous ne devinerez jamais ce qui m'est arrivé.
M. LACRAIE	Je ne veux même pas le savoir...
PIERRE	Le bus est tombé en panne, monsieur.
M. LACRAIE	Je ne te crois pas. Et puis, tiens, tu es privé de récréation!
PIERRE	Ne vous fâchez pas, c'est vrai.
M. LACRAIE	Je ne suis pas fâché, je suis furieux. J'étais de bonne humeur et maintenant...
PIERRE	Vous êtes de mauvaise humeur, je sais.
M. LACRAIE	Oui, et malheureusement pour toi, tes parents aussi vont être furieux quand je vais leur raconter tout ça. Allez, va t'asseoir.
PIERRE	Oh, à propos de parents.
M. LACRAIE	Oui?
PIERRE	C'est mon père, le conducteur du bus...

Additional Listening Activity 9-1, p. 71

Answers may vary.
1. The person speaking is a <u>doctor</u>.
2. This commercial is aimed at people who are <u>tired</u> and <u>worried</u> and who have problems with their <u>marriage</u>, their <u>work</u>, or their <u>friends</u>.
3. The commercial promises that people who take advantage of the service will regain their <u>good humor</u> and their <u>love of life</u>.
4. Those who would like to respond can phone <u>04.45.54.27.61</u>.

Do you reject or believe the claims this commercial makes? Give your reaction in French.
Answers will vary. Possible answers:
<u>Je ne le crois pas. Ce n'est pas possible.</u>
<u>C'est possible. Il a peut-être raison.</u>

Additional Listening Activity 9-2, p. 71

1. She looks depressed.
2. She had an argument with Eric.
3. She's tired of school. She's depressed and in a bad mood because of school.
4. She's thinking of dropping out of school.
5. Dominique thinks Odile is upset and worried because of the exams that are coming up.
6. Dominique invites Odile to go to the movies.

Additional Listening Activity 9-3, p. 72

1. true
2. false
3. true
4. false
5. false
6. true
7. false
8. false
9. true

Additional Listening Activity 9-4, p. 72

"Did you hear the latest? It seems that Fabienne <u>moved to</u> the island of Oléron. During the vacation, she met a <u>famous</u> act-<u>or</u>. I thought that was <u>unbelievable</u>. She fell for this guy. Unfortunately, <u>she</u> was leaving the next day. So, this guy <u>says he'll</u> <u>write to her</u>. Raïssa <u>knows him</u>. Fabienne is going to meet this guy <u>Sunday</u>. What do you think about that?"

Possible answer:
"Did you hear the latest? It seems that Fabienne spent her vacation on the island of Oléron. During the vacation, she met a boy. I thought that was normal. She fell for this guy. Unfortunately, he was leaving the next day. So, this guy makes a date to see her in Paris. Raïssa doesn't know him. Fabienne is going to meet this guy Saturday. What do you think about that?"

Additional Listening Activity 9-5, p. 73

1. b
2. c
3. d
4. a

Answers may vary.
1. He broke dishes.
2. He had to get up early.
3. It was too tiring.
4. His vacation ended.

Additional Listening Activity 9-6, p. 73

1. Pierre's been late three times this week.
2. He missed the bus.
3. The bus broke down.
4. He deprives Pierre of recess.
5. He's going to tell Pierre's parents everything, and they'll be furious.
6. The bus driver is Pierre's father.

Première étape
7 Ecoutons!

1. — Mohammed, je peux te parler?
   — Oui, qu'est-ce qu'il y a?
   — Tu vois, Li m'a prêté son livre d'histoire.
   — C'est gentil.
   — Le problème, c'est que je l'ai perdu!
2. — Tu as une minute?
   — Oui, je t'écoute.
   — Je suis embêtée. Hier soir, je devais retrouver Emile au café, mais j'ai été privée de sortie, et j'ai pas pu y aller. Il ne me parle plus, mais ce n'était pas de ma faute!
3. — J'ai un problème.
   — Je peux peut-être faire quelque chose?
   — Ben... c'est que j'ai eu dix en histoire-géo.
   — Tu avais étudié?
   — Ben... pas beaucoup. Je n'ai pas eu le temps!

Answers to Activity 7

1. b   2. c   3. a

10 Ecoutons!

1. — Salut, Hubert. Je peux te parler?
   — Oui, je t'écoute.
   — Je me suis disputée avec Luc. C'était un petit malentendu, mais il ne me parle plus.
   — C'est ridicule! Tu devrais lui téléphoner pour te réconcilier avec lui.
2. — Salut, Florence. Tu sais que je me suis disputée avec Luc?
   — Non! Qu'est-ce qui s'est passé?
   — Ben, tu vois, il était en retard à notre rendez-vous au ciné.
   — Mais c'est pas grave, ça! Tu devrais lui pardonner.
3. — Salut, Jacques. Tu as une minute? Je me suis disputée avec Luc, et j'ai besoin de conseils.
   — Qu'est-ce qu'il a fait?
   — Il était en retard pour notre rendez-vous au ciné.
   — Alors ça, c'est impardonnable! Il ne te respecte pas. A mon avis, tu devrais casser.

4. — Eh, Marie, tu as une minute? Je ne sais pas quoi faire.
   — Mais qu'est-ce qu'il y a?
   — Luc était en retard à notre rendez-vous hier soir et on s'est disputés.
   — Tu t'es fâchée contre lui?
   — Oui, mais c'était tellement bête.
   — Ecoute. Tu devrais t'excuser et lui dire que tu l'aimes. C'est vrai, non?

Answers to Activity 10

1. Call Luc and make up with him.
2. Forgive him.
3. Break up with him.
4. Apologize and tell him you love him.

Deuxième étape
16 Ecoutons!

1. — Gisèle, tu peux me prêter ta jupe bleue pour la fête ce soir?
   — Bien sûr! Je peux te la prêter sans problème.
2. — Stéphane, ça t'ennuie de sortir la poubelle?
   — Désolé, je n'ai pas le temps. Je dois retrouver des amis dans dix minutes!
3. — Chantal, tu pourrais faire la vaisselle pour moi?
   — Je voudrais bien, sœurette, mais je dois faire mes devoirs.
4. — Papa, tu as une minute pour m'aider à ranger le salon?
   — Désolé, mais j'ai quelque chose d'important à faire. Demande à ta mère.
5. — Maman, ça t'embête de m'aider à ranger le salon?
   — Pas du tout.

Answers to Activity 16

1. says she'll help
2. makes excuses
3. makes excuses
4. makes excuses
5. says she'll help

18 Ecoutons!

PASCALE	Vraiment, je ne sais pas par où commencer!
JEAN-CLAUDE	Calme-toi, Pascale, c'est facile. D'abord, tu dois fixer la date.
PASCALE	D'accord... samedi quatorze, ça va?
JEAN-CLAUDE	Oui. Après, tu dois demander la permission à tes parents, bien sûr.
PASCALE	Je suis sûre qu'ils seront d'accord. Mais je leur demanderai ce soir.
JEAN-CLAUDE	Bon. Si tu veux, moi, je peux envoyer les invitations.
PASCALE	Vraiment? C'est gentil!
JEAN-CLAUDE	Pour le reste... euh..., il faut surtout penser à choisir de la bonne musique. Si tu veux que tout le monde danse, c'est vachement important!
PASCALE	Mais je n'ai pas beaucoup de disques, moi.
JEAN-CLAUDE	C'est pas grave. Je peux apporter mes CD, et je choisirai la musique. D'accord?
PASCALE	D'accord.
JEAN-CLAUDE	Ça va être une fête super, tu vas voir!

Answers to Activity 18

Pascale va fixer la date et demander la permission aux parents. Jean-Claude va envoyer les invitations et choisir la musique.

Troisième étape

25 Ecoutons!

1. — Oh, Serge! Je voulais te dire... Je suis désolée pour hier soir. J'aurais dû te téléphoner.
   — Oh, t'en fais pas.
   — J'ai été privée de sortie. C'est pour ça que je ne suis pas venue à ta boum.
2. — Dis, Cécile...
   — Ouais?
   — Excuse-moi pour ce matin... Je n'aurais pas dû dire à tous tes copains que tu avais eu cinq en maths.
   — J'étais vraiment gênée, tu sais?
   — Tu ne m'en veux pas, dis?
   — Non... enfin, il n'y a pas de mal.
3. — Frédéric... à propos de ton

Walkman®... C'est de ma faute. Je me suis disputé avec Roland, il m'a poussé, et j'ai cassé ton Walkman.
   — Quoi? T'exagères quand même! Tu aurais pu faire attention!
   — Oh, je suis vraiment désolé. Je t'en achèterai un autre si tu veux.

Answers to Activity 25

1. Unable to go to party because she was grounded; Apology accepted.
2. Told friends that Cécile got a five in math; Apology accepted.
3. Dropped and broke Frédéric's Walkman; He is reproached.

Mise en pratique 1

1. Bonjour, je m'appelle Désiré. Je suis déprimé parce que mes parents m'ont privé de sortie. Je suis rentré trop tard vendredi soir, et maintenant, ils ne veulent plus me laisser sortir le soir. Ce n'est pas de ma faute. J'avais oublié ma montre! Qu'est-ce que je peux faire?
2. Bonjour, mon nom est Murielle. Je suis embêtée parce que j'ai eu une très mauvaise note à ma dernière interro d'anglais. Je sais que mes parents vont être fâchés. Mais j'avais oublié mon livre au lycée, et je n'ai pas pu étudier pour l'interro. Qu'est-ce que je pourrais faire?
3. Salut. Moi, c'est Jérôme! J'ai rencontré une fille super sympa au parc l'autre jour. Je sais qu'elle habite à côté de chez moi, mais je ne lui ai pas demandé son numéro de téléphone, et maintenant, je voudrais bien la revoir. Qu'est-ce que je peux faire?
4. Je m'appelle Eric. Je suis invité à une boum ce week-end, mais je ne sais pas si je devrais y aller. Tu vois, mon amie Julie est invitée aussi, et... ben... on s'est disputés, et on ne se parle plus depuis trois jours. Elle est sans doute encore fâchée contre moi. Qu'est-ce que tu me conseilles de faire?

Answers to Mise en pratique Activity 1

1. c   2. b   3. a   4. d

Additional Listening Activity 10-1, p. 79

CORINNE   Salut, Sandrine. Tu as une minute? Ça ne va pas du tout avec Eric.
SANDRINE   Oh là là, encore? Vas-y, explique-moi ce qui s'est passé cette fois-ci.
CORINNE   Jean-Pierre a vu Eric avec Claire.
SANDRINE   Et alors!? Il n'y a pas de mal à ça. C'est pas méchant.
CORINNE   Je suis sûre qu'elle est amoureuse de lui. Qu'est-ce que je dois faire?
SANDRINE   Ecoute, c'est sûrement un malentendu. Ecris un petit mot à Eric. Il t'expliquera ce qui s'est passé.
CORINNE   Oui, comme à chaque fois que j'apprends qu'il était avec une autre fille.
SANDRINE   Ecoute, il faut que j'y aille. Eric m'a invitée à dîner.
CORINNE   Quoi!?
SANDRINE   Mais non, c'est une blague! Ne t'énerve pas.

Additional Listening Activity 10-2, p. 79

L'AUDITRICE   Allô, allô, docteur Guéritout?
DR GUERITOUT   Oui, je vous écoute.
L'AUDITRICE   J'ai un problème. Je me suis disputée avec mon père.
DR GUERITOUT   Ah, je vois. Expliquez-moi ce qui s'est passé.
L'AUDITRICE   Eh bien, voilà. Il m'a invitée au restaurant, mais comme toujours, il a refusé que j'amène mon petit ami. Et, bien entendu, ça me met toujours mal à l'aise. Alors, j'ai refusé son invitation. J'ai essayé de lui expliquer pourquoi, mais il s'est fâché.
DR GUERITOUT   Ecoutez, à mon avis, ce n'est qu'un malentendu. N'y pensez plus. Votre père s'inquiète certainement pour vous. Tous les parents sont comme ça.
L'AUDITRICE   Vraiment? Vous croyez?
DR GUERITOUT   Ne vous en faites pas. Téléphonez à votre père, excusez-vous et invitez-le à déjeuner pour parler de la situation. Expliquez-lui que votre petit ami est très important pour vous. Et vous verrez que ce malentendu s'arrangera... Voilà. Merci de votre appel. Vous êtes toujours à l'écoute de «Qu'est-ce que vous me conseillez?».

Additional Listening Activity 10-3, p. 80

HELENE   Tiens, salut, Danièle. Tu vas bien?
DANIELE   Oui, ça peut aller. Mais j'ai un petit problème.
HELENE   Ah, bon? Qu'est-ce qui t'arrive? Je peux peut-être t'aider?
DANIELE   Ben, tu vois, j'ai promis à Mme Dupont de garder ses enfants mercredi après-midi.
HELENE   Et tu n'as plus envie d'y aller et tu veux que je te remplace, c'est ça?
DANIELE   Ben, oui. Figure-toi que Patrick m'a invitée à aller au parc des Thermes mercredi après-midi.
HELENE   Quoi? Mais, c'est pas possible!
DANIELE   Si, je t'assure.
HELENE   Eh ben, ça alors!
DANIELE   Qu'est-ce qu'il y a? Allez, dis-moi!
HELENE   Moi aussi, je dois sortir avec Patrick mercredi.
DANIELE   Quoi? Alors là, vraiment, c'est incroyable! Non mais, pour qui il se prend, celui-là?
HELENE   Ecoute, j'ai une idée. On lui dit toutes les deux qu'on va sortir avec lui et puis, on n'y va pas. Ça lui apprendra!
DANIELE   D'accord. Bonne idée.

Additional Listening Activity 10-4, p. 80

DIDIER	Pauline, tu pourrais me rendre un petit service?
PAULINE	Je suis très occupée en ce moment, mais bon, qu'est-ce que je peux faire?
DIDIER	Eh bien, je veux faire une boum pour l'anniversaire de Claire.
PAULINE	C'est une bonne idée, ça! Claire va être super contente!
DIDIER	Ça t'embête d'envoyer les invitations?
PAULINE	Je voudrais bien, mais comme je t'ai dit, je suis très occupée. J'ai beaucoup de devoirs à faire ce week-end... Si tu veux, par contre, je peux demander à ma mère de préparer les amuse-gueule pour la boum.
DIDIER	Ça, c'est génial. D'accord!
PAULINE	Qui s'occupe de la musique?
DIDIER	Charles a dit qu'il allait apporter des CD et des cassettes.
PAULINE	Et Monique, qu'est-ce qu'elle va faire?
DIDIER	Monique n'a pas le temps de m'aider à préparer la boum, mais elle passera l'aspirateur après la boum.
PAULINE	Super! Et tu as fixé la date?
DIDIER	Oui, samedi prochain, le vingt-sept mai, à huit heures et demie, chez moi. Tout le monde est libre ce soir-là.
PAULINE	Parfait. Bon, je dois rentrer faire mes devoirs. On se téléphone dans la semaine.
DIDIER	Ça marche. Bon week-end et bon courage pour tes devoirs.

Additional Listening Activity 10-5, p. 81

ANTOINE	Allô, Mathilde?
MATHILDE	Oui, qui est à l'appareil?
ANTOINE	C'est Antoine.
MATHILDE	Ah, Antoine! Alors, qu'est-ce que tu fais? Je t'attends, moi!
ANTOINE	Eh bien, c'est-à-dire que... J'aurais dû te téléphoner plus tôt, mais je... euh...
MATHILDE	Eh bien, quoi? Qu'est-ce qui se passe? Tu es malade?
ANTOINE	Non, non, ce n'est pas ça. Ça m'embête vraiment de te dire ça, mais je ne peux pas sortir avec toi ce soir.
MATHILDE	Oh, non, c'est pas vrai! Tu aurais pu m'appeler plus tôt, quand même!
ANTOINE	Oui, je sais, c'est de ma faute. Je suis désolé, mais j'avais complètement oublié que c'était l'anniversaire de ma mère. Excuse-moi!
MATHILDE	Ecoute, ça ne fait rien. Je comprends, ça arrive à tout le monde d'oublier quelque chose. Ne t'en fais pas, on peut sortir une autre fois.
ANTOINE	D'accord. Bon, je dois me préparer maintenant. On part dans vingt minutes.
MATHILDE	Alors, bonne soirée et à bientôt.

Additional Listening Activity 10-6, p. 81

LA MERE	*(entrant)* Josette? Tu es là, ma chérie?
JOSETTE	Oui, oui, Maman. Je suis dans la salle à manger.
LA MERE	Bonsoir, ma chérie, ça va? Tu as passé une bonne journée?
JOSETTE	Bof... euh... et toi, Maman, tu as passé une bonne journée?
LA MERE	Excellente! J'ai eu une promotion au travail.
JOSETTE	C'est super! Mais, j'ai quelque chose à te dire et ce n'est pas une bonne nouvelle.
LA MERE	Oh, aujourd'hui, je suis tellement heureuse que rien ne peut me gâcher la journée. Allez, annonce-la-moi, cette mauvaise nouvelle.
JOSETTE	Eh bien, tu sais, le vase de ta grand-mère... Je faisais le ménage et... je l'ai cassé. Je sais, je n'aurais pas dû y toucher, mais il est tombé et... je suis désolée, Maman.
LA MERE	Ce n'est pas de ta faute, ce sont des choses qui arrivent.
JOSETTE	Oui, mais, j'aurais pu faire plus attention en le nettoyant...
LA MERE	N'y pense plus! Je t'emmène dîner au restaurant pour fêter ma promotion.
JOSETTE	Maman, tu es géniale. Allons-y!

French 2 Allez, viens!, Chapter 10

Answers to Additional Listening Activities • Chapitre 10

Additional Listening Activity 10-1, p. 79

1. He said he saw Eric with Claire.
2. She thinks that Claire is in love with Eric.
3. She thinks it's a misunderstanding.
4. She thinks Corinne should write a note to Eric asking him to explain.
5. She jokingly says Eric asked her to dinner.

Additional Listening Activity 10-2, p. 79

Answers may vary.

PROBLEM: The caller had an argument.
With whom? With her father.
Why? Her father invited her to dinner but he wouldn't let her bring her boyfriend. He got angry when she tried to explain.
ANALYSIS:
It's a misunderstanding. She must understand that her father is concerned about her.
ADVICE:
Call him, invite him to lunch, and explain how important your boyfriend is to you.

Additional Listening Activity 10-3, p. 80

1. Danièle asks Hélène to babysit for Mrs. Dupont's children in her place.
2. Danièle can't because Patrick asked her to go out with him.
3. Hélène is surprised because Patrick asked her to go out on the same day.
4. To get their revenge, Danièle and Hélène are going to accept their dates with Patrick, but neither of them will show up.

Additional Listening Activity 10-4, p. 80

Pauline: Will ask her mother to prepare party snacks.
Charles: Will bring CDs and cassettes.
Monique: Will vacuum after the party.

C'est

L'ANNIVERSAIRE

de _____Claire_____

Date : Samedi, le 27 mai

Heure : Huit heures et demie

Chez : Didier

R.S.V.P. : 02.40.38.09.22.

Ça va être super!

Additional Listening Activity 10-5, p. 81

1. false
2. false
3. false
4. true
5. true
6. true
7. false

Additional Listening Activity 10-6, p. 81

Answers may vary.
1. Quand sa mère rentre, Josette est dans la salle à manger.
2. Sa mère a passé une bonne journée.
3. Josette a une mauvaise nouvelle.
4. Elle faisait le ménage quand elle a cassé un vase.
5. Sa mère n'est pas fâchée; elle pardonne à Josette.
6. Josette et sa mère vont aller au restaurant pour fêter la promotion de sa mère.

Première étape
7 Ecoutons!

ROMAIN	Dis, Djé Djé, tu connais Vanessa Paradis?
DJE DJE	Mais bien sûr! Tout le monde connaît. Je suis allé à son dernier concert. Elle est super!
ROMAIN	Vraiment? Tu en as de la chance! Mais mon groupe préféré, c'est Zouk Machine. Tu connais?
DJE DJE	Non, je ne connais pas. Ils sont d'où?
ROMAIN	C'est un groupe antillais qui chante le zouk. J'adore danser le zouk, c'est sensass! Mais toi, tu préfères la pop, non? Tu connais Céline Dion?
DJE DJE	Non, pas du tout.
ROMAIN	Ah, je parie que tu connais Patrick Bruel!
DJE DJE	Mais bien sûr que je connais! J'ai tous ses albums, et j'ai aussi vu son dernier film, *Profil bas!*
ROMAIN	Super! Tu sais, je crois qu'il passe en concert mercredi soir.

Answers to Activity 7
Familiar: Vanessa Paradis, Patrick Bruel
Not familiar: Zouk Machine, Céline Dion

12 Ecoutons!

1. — Qu'est-ce qui te plaît comme musique, Arnaud?
   — Moi, j'aime bien le jazz.
   — Tu aimes la musique classique aussi?
   — Bof, pas tellement. Mais le blues, c'est génial!
2. — Et toi, Magali? Qu'est-ce que tu aimes comme musique?
   — Moi? Ben, ce que j'aime bien, c'est le rock. J'adore Jean-Jacques Goldman.
   — Tu écoutes autre chose?
   — Ça dépend. Parfois, j'écoute du reggae.
3. — Qu'est-ce que tu aimes comme musique, Thierry?
   — Je suis plutôt du genre country ou rock. En général, j'aime bien la musique américaine.
   — Tu n'aimes pas le rap?
   — Bof, pas vraiment.
4. — Et toi, Elodie?
   — Moi, j'aime tout. J'écoute de la musique classique le matin, et de la pop quand je fais mes devoirs.
5. — Et toi, Christian, tu aimes quel genre de musique?
   — Ben, ce que j'adore, c'est le rap. Je suis fou de MC Solaar, et j'ai plein de CD de rap!
   — C'est tout?
   — Non, j'écoute aussi du rock.

Answers to Activity 12
1. Arnaud: jazz (b), blues (e)
2. Magali: rock (c), reggae (h)
3. Thierry: country (f), rock (c), American music
4. Elodie: classical music (a), pop (g)
5. Christian: rap (d), rock (c)

Deuxième étape
19 Ecoutons!

— J'ai envie d'aller au ciné ce soir. Qu'est-ce qu'on joue comme films?
— Attends... euh, on joue *Astérix chez les Bretons.*
— Bof, je n'aime pas tellement les dessins animés. Quoi d'autre?
— Bon... on joue *Le Fugitif* et *Germinal.*
— *Germinal?* D'après le roman de Zola? C'est avec qui?
— C'est avec Gérard Depardieu et...
— Gérard Depardieu! C'est mon acteur préféré! Ça passe où?
— Partout! Ça passe au Gaumont Les Halles, au Quatorze Juillet, au Gaumont Alésia...
— Ben, Gaumont Les Halles, c'est le plus proche.
— Ça commence à dix-huit heures vingt et à vingt heures cinquante.
— Oh, zut! Il est déjà six heures! Dépêchons-nous!

Answers to Activity 19
1. b 2. c 3. b 4. a

22 Ecoutons!

NADEGE	Salut, Emile. Dis, j'ai envie de voir un film. Pas toi?
EMILE	Si, c'est une bonne idée. Alors... *Zombie et le train fantôme,* ça te dit? C'est un bon film d'horreur.
NADEGE	Pas question! C'est trop bizarre. Je préfère les films classiques.
EMILE	Les films classiques... Tiens, j'ai une idée! Tu as envie de voir *Jules et Jim?* Ça passe à l'UGC Biarritz.
NADEGE	Non, ça ne me dit pas trop. Je l'ai déjà vu plusieurs fois.
EMILE	Ben... *Monty Python sacré graal,* alors. C'est un film comique anglais. C'est vachement bien.
NADEGE	Ben, comme tu veux. Vraiment, je n'ai pas de préférence.
EMILE	Oh là là! Que tu es pénible! Bon, alors c'est moi qui décide! On va voir *Monty Python.* Allez, viens!

Answers to Activity 22
film d'horreur, film classique, film comique

Troisième étape
29 Ecoutons!

LUC   Dis donc, tu connais *Calvin et Hobbes*® ? Tu trouves pas ça génial, toi?

PERRINE   Bof, ça ne casse pas des briques. Et puis, les histoires de tigre en peluche, c'est pas mon truc. Moi, je préfère la science-fiction. Tu connais *Daïren* par exemple?

LUC   Non, qu'est-ce que ça raconte?

PERRINE   Ça se passe au dix-septième millénaire, sur la planète Uyuni. Il y a plein de batailles intergalactiques. On ne s'ennuie pas une seconde. Tu vas voir, c'est plein de rebondissements.

LUC   Ah! C'est un peu comme *La Guerre des étoiles,* non?

PERRINE   Si tu veux. On appelle ça un «space opéra.»

LUC   Dis donc, est-ce que tu as lu *La Cantatrice chauve* pour le cours de français?

PERRINE   Bien sûr. J'adore le théâtre. Et puis, c'est très drôle.

LUC   Tu trouves? Moi, j'ai rien compris. Il n'y a pas d'histoire, et il n'y a même pas de cantatrice! A mon avis, c'est nul.

PERRINE   Mais non! C'est parce que c'est absurde!

LUC   C'est bien ce que je dis : c'est nul. Moi, de toute façon, je préfère les romans.

PERRINE   Eh bien moi, je pense que la science-fiction, c'est l'avenir de la littérature!

Answers to Activity 29

Luc aime *Calvin et Hobbes.* Perrine aime *Daïren, La Cantatrice chauve.*

31 Ecoutons!

1. — Bonjour, monsieur. Je cherche des romans de Simenon, s'il vous plaît.
   — Oui, les policiers sont tous au même endroit, sur ce rayon, et ils sont classés par auteur.
   — Merci.

2. — Je viens de voir le film *La Reine Margot,* et je voudrais lire le livre maintenant. Où est-ce que je pourrais le trouver?
   — Dans les romans classiques. A Dumas.
   — Merci beaucoup, monsieur.

3. — Notre professeur de français prend sa retraite, et nous voudrions lui offrir les œuvres de Rimbaud. Elles se trouvent où, s'il vous plaît?
   — Toute la poésie est sur le mur de gauche.

4. — Bonjour, monsieur. Est-ce que vous pourriez m'aider, s'il vous plaît?
   — Oui?
   — Je cherche *La Florentine* de Juliette Benzoni pour une amie.

— C'est un roman policier?
— Non, c'est une histoire d'amour, je crois.
— Les romans d'amour sont au fond du magasin.
— Merci.

5. — Bonjour, monsieur. Je cherche la collection complète des œuvres de Tintin. C'est pour offrir.
   — Les bandes dessinées sont à l'entrée du magasin, juste derrière vous.
   — Merci, monsieur.

Answers to Activity 31

1. c   2. e   3. d   4. b   5. a

Mise en pratique 2

MARTIN   Bonsoir, mesdames et messieurs. Bienvenue à la Revue de Films avec Martin Blondeau et Janine Neuville.

JANINE   Ce soir, nous parlerons du premier film du festival, *La Rue Cases-Nègres,* qui se passe dans les années trente à la Martinique.

MARTIN   Ce film parle d'un jeune garçon, José Hassam, qui est élevé par sa grand-mère qui travaille dans les champs de canne à sucre.

JANINE   La grand-mère rêve d'une meilleure vie pour José et l'encourage dans ses études pour qu'il ne soit pas condamné à travailler dans les champs de canne à sucre.

MARTIN   José va souvent voir Monsieur Méduse, une sorte de père spirituel, qui lui parle de ses ancêtres en Afrique. Mais celui-ci finit par mourir dans les champs de canne à sucre. Enfin, José reçoit une bourse pour faire ses études à Fort-de-France et quitte la Rue Cases-Nègres pour aller vivre à la grande ville.

JANINE   Une bonne fin pour un mauvais film.

MARTIN   Moi, j'ai bien aimé ce petit film.

JANINE   Moi, je l'ai trouvé trop long.

MARTIN   En tout cas, c'est une belle histoire.

JANINE   Mais non, c'est déprimant! Et on s'ennuie.

MARTIN   Pas du tout! Je recommande ce film à tous ceux qui aiment les films classiques.

JANINE   Et moi, si c'est le seul film qui passe!

Answers to Mise en pratique Activity 2

1. Martinique
2. A boy is raised by his grandmother, who encourages him to pursue a better life than that of a sugar cane worker.
3. Martin: good story; Janine: long, depressing, boring.

Scripts for Additional Listening Activities • Chapitre 11

Additional Listening Activity 11-1, p. 87

LAURENT	Oh, regarde, c'est Robert Charlebois!
SYBILLE	Je ne connais pas, c'est qui?
LAURENT	Mais si, tu connais, c'est un chanteur canadien. Il est aussi acteur; il a joué dans des films assez connus.
SYBILLE	Non, vraiment, ça ne me dit rien. C'est quoi, son genre de musique?
LAURENT	C'est de la variété canadienne, du genre pop-rock.
SYBILLE	Ah! C'est pour ça que je ne le connais pas. Je n'aime pas la pop, je préfère le reggae, moi. Bob Marley, ça, c'est de la musique!
LAURENT	Moi non plus, je ne suis pas un fan de musique pop, mais je connais quand même Robert Charlebois.
SYBILLE	Qu'est-ce que tu écoutes comme musique, toi?
LAURENT	J'aime bien la musique classique, le jazz, le folk...
SYBILLE	Ouais, tout ce que je n'aime pas, quoi... Oh, regarde, Johnny Clegg passe en concert au Zénith. Cool!
LAURENT	Johnny Clegg?
SYBILLE	Mais oui, tu sais... il vient d'Afrique du Sud... on l'appelle le Zoulou Blanc. Il joue souvent avec le groupe Savuka.
LAURENT	Ah, oui, oui, je vois... Il est génial. Ça te dit d'aller le voir?
SYBILLE	Oui, ça serait super... Allons vite chercher des places à la FNAC avant qu'il n'y en ait plus!
LAURENT	D'accord. Allons-y!

Additional Listening Activity 11-2, p. 87

M. LAMBERT	Bonjour. Aujourd'hui, je vais tester vos connaissances en musique.
SOUMIA	Est-ce qu'on va apprendre des chansons?
M. LAMBERT	Bien sûr! Mais, pas aujourd'hui; la prochaine fois. Je veux d'abord savoir quel genre de musique vous préférez. Marcel, par exemple, qu'est-ce que tu aimes comme musique?
MARCEL	Moi, j'adore la musique américaine et la musique antillaise. Je ne comprends pas les paroles, mais ça me fait rêver...
M. LAMBERT	Bon, tu aimes la musique américaine, d'accord. Mais, quel genre de musique américaine?
MARCEL	Le rock. Oui, les groupes comme Guns n' Roses, Nirvana... et puis aussi Joan Baez.
M. LAMBERT	Très bien, mais Joan Baez, ce n'est pas du rock, c'est plutôt de la pop ou du folk.
SOUMIA	Moi, je connais Stevie Ray Vaughan comme chanteur américain.
M. LAMBERT	Oui, Soumia, Stevie Ray Vaughan est un chanteur de blues. Il est du Texas. Qui connaît des chanteurs ou des groupes de jazz?
MARCEL	Il y a Louis Armstrong. Sinon, je ne connais pas d'autres musiciens, mais je sais que le jazz vient de Louisiane, de La Nouvelle-Orléans plus exactement.
M. LAMBERT	Très bien. Excellent! *(bell rings)* Ah, j'entends maintenant une musique que vous aimez tous : celle de la sortie. A demain.

Additional Listening Activity 11-3, p. 88

MARTIN	Qu'est-ce qu'on joue comme films au «Ciné soixante et onze» cet après-midi?
OUMAR	A quatorze heures, il y a un film de science-fiction : *Star Trek*. Ça t'intéresse?
MARTIN	Non, désolé, à quatorze heures, je ne peux pas. J'ai promis à ma mère de l'aider à faire les courses. Et le film suivant, il est à quelle heure?
OUMAR	A quinze heures dix, il y a un film policier avec Alain Delon et Anne Parillaud. Ça s'appelle *Brigade anti-gang*. Ça a l'air pas mal. Et plus tard, en fin d'après-midi, il y a un film d'action.
MARTIN	C'est avec qui, le film d'action?
OUMAR	Avec Jean-Paul Belmondo. C'est *Le Professionnel*.

LISTENING ACTIVITIES • SCRIPTS & ANSWERS

MARTIN	Et ça passe où?
OUMAR	Au «Ciné soixante et onze» aussi.
MARTIN	Ça commence à quelle heure?
OUMAR	Le film commence à dix-huit heures cinquante.
MARTIN	Moi, ça me va. Et toi, ça te dit?
OUMAR	Oui, pas de problème. J'adore Belmondo!
MARTIN	Très bien. A tout à l'heure!
OUMAR	Salut!

Additional Listening Activity 11-4, p. 88

F. MARCHAND Bonsoir, cher public, et bienvenue sur le plateau de *Ciné hebdo*. Je vais vous présenter ce soir des extraits des films de cette semaine. Tout d'abord, un grand classique : *Les Enfants du paradis* revient à l'écran, avec, cette fois-ci, dans les rôles principaux, Vanessa Eden et Romain Ciel... Notre second film de la soirée est un film d'aventures avec Harrison Ford, inspiré d'une célèbre série télé. Il s'agit, bien sûr, du *Fugitif* qui nous arrive tout droit des Etats-Unis. Puis, nous verrons un extrait d'un film comique avec Jean Reno et Christian Clavier : *Les Visiteurs*. Une comédie dans laquelle deux personnes qui vivent au Moyen Age se trouvent transportées dans le futur. Enfin, pour terminer, un film d'horreur, le dernier *Frankenstein* et un western-spaghetti, *La Dernière Tribu*, avec le couple immortel : Terence Hill et Bud Spencer. Voilà, je vous retrouve dans quelques instants, après cette page de publicité.

Additional Listening Activity 11-5, p. 89

L'ETUDIANT	Ah, au fait, tu as lu le dernier polar de Gérard de Villiers?
L'ETUDIANTE	Non, je ne suis pas très roman policier, tu sais. De quoi ça parle?
L'ETUDIANT	Oh, c'est une histoire passionnante entre un gangster et une femme détective. C'est plein de rebondissements et de suspense. Je te le recommande. On ne s'ennuie pas un instant en le lisant!
L'ETUDIANTE	Je le lirai peut-être, si j'ai le temps. En ce moment, je lis un roman d'amour.
L'ETUDIANT	Ah oui? Et qu'est-ce que ça raconte?
L'ETUDIANTE	Oh, tu connais. C'est un grand classique du dix-neuvième siècle. C'est *Madame Bovary* de Flaubert.
L'ETUDIANT	En effet, je connais. C'est gentillet, sans plus. Et le film qui a été fait d'après le roman est un véritable navet!
L'ETUDIANTE	N'importe quoi! Je ne suis pas du tout de ton avis. C'est une très belle histoire, un peu déprimante, c'est vrai, mais une très belle histoire quand même.
L'ETUDIANT	Bon, si tu veux. Mais reconnais que le film, ça casse pas des briques...

Additional Listening Activity 11-6, p. 89

ISABELLE Tiens, une biographie de Tolstoï... Ça a l'air intéressant... mais cinq cents pages, c'est beaucoup trop long! Je n'ai pas le temps de lire tout ça en ce moment.

Oh, ouaouh! Rimbaud en bande dessinée... on aura tout vu! Après tout, c'est une bonne idée de mettre la poésie en image.

Le Meilleur des mondes... de Aldous Huxley. Qu'est-ce que c'est que ça? Ah, d'accord, c'est un roman de science-fiction... Eh bien, parfait! Ça va être un excellent cadeau pour l'anniversaire de Pierre.

Oh, c'est drôle, ça. Ça ne ressemble pas à un livre... bizarre, on dirait une vidéo... Mais oui, c'est bien ça, c'est une vidéo. Ah, voilà le titre : *Livres et écrivains de dix-neuf cent quatre-vingt-quatorze*. Quelle bonne idée! Eh bien, je vais commencer par regarder cette vidéo.

Additional Listening Activity 11-1, p. 87

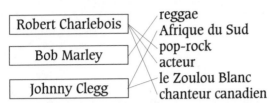

Robert Charlebois — reggae
Bob Marley — Afrique du Sud
— pop-rock
— acteur
Johnny Clegg — le Zoulou Blanc
— chanteur canadien

Additional Listening Activity 11-2, p. 87

1. true
2. false
3. false
4. true
5. false
6. true
7. false

Additional Listening Activity 11-3, p. 88

	CINE 71	
Star Trek	*Brigade anti-gang*	*Le Professionnel*
Un film	Un film	Un film
de (d')		de (d')
science-fiction	policier	action
à	à	à
14h00	15h10	18h50

1. He promised his mother to help her do the shopping.
2. They decide to see *Le Professionnel.*

Additional Listening Activity 11-4, p. 88

1. b
2. c
3. a
4. b
5. d
6. e

Additional Listening Activity 11-5, p. 89

Answers may vary. Possible answers:
1. a detective story
2. a gangster and a woman detective
3. He thinks it's exciting.
4. Maybe, if she has time. Right now she's reading another book.
5. a love story
6. No, it's a nineteenth-century classic.
7. He think's it's cute, but that's all.
8. She thinks it's a little depressing but a beautiful story.
9. He thinks it was a dud.

Additional Listening Activity 11-6, p. 89

1. b
2. a
3. a
4. d
5. c
6. d
7. c

Première étape
7 Ecoutons!

1. Ça se trouve au bord du lac Saint-Jean, en face de la ville d'Alma.
2. Oui, c'est dans le nord du Québec, à l'est de Matane. C'est très beau, là-bas.
3. C'est pas loin d'ici. Vous allez à Thetford Mines, et c'est à l'est, au bord d'un très beau lac.
4. Oui, c'est un parc très célèbre. Ça se trouve au nord de Québec ville.
5. C'est assez loin. C'est une île dans l'océan Atlantique. C'est dans le nord-est du Québec, près de Gaspé.

Answers to Activity 7

1. parc de la Pointe-Taillon
2. parc de la Gaspésie
3. parc de Frontenac
4. parc de la Jacques-Cartier
5. parc de l'Ile-Bonaventure-et-du-Rocher-Percé

10 Ecoutons!

SON AMI	Alors, Francine, ce week-end au parc de la Jacques-Cartier, c'était comment?
FRANCINE	Super! On s'est vraiment bien amusés!
SON AMI	Ah, oui? Et qu'est-ce que vous avez fait?
FRANCINE	D'abord, on a fait une randonnée pédestre. On a vu un renard et plein d'orignaux. Je les ai même pris en photo.
SON AMI	Très bien. Comme ça, on pourra aussi les voir.
FRANCINE	Après ça, on avait faim, alors on a fait un pique-nique. Jérôme voulait donner à manger aux écureuils et aux canards, mais c'était interdit. Ensuite, on est allés nager dans la rivière. C'était génial! Et puis, on a fait du camping.
SON AMI	Est-ce que vous avez vu d'autres animaux?
FRANCINE	Ah! J'oubliais! Au retour, nous avons vu un ours énorme!

Answers to Activity 10

a fox, moose, squirrels, ducks, a bear

14 Ecoutons!

1. Samedi, on s'est bien amusés! On a fait du canotage; c'était super! Mais on ne peut pas faire de la natation dans ce parc. Donc, on a fait du vélo de montagne. Et ensuite, on a fait de la voile. Après ça, on est revenus parce qu'on ne peut pas faire du camping dans ce parc.
2. Quel week-end! Tout a été de travers. On a fait du camping, bien sûr, mais il n'y avait pas grand-chose à faire comme sports. Tout le monde voulait faire du vélo de montagne, mais c'était impossible : interdit. Et le canotage, c'était impossible aussi! Enfin, on a fait une randonnée pédestre, et après, nous sommes allés à la pêche. Nous, les filles, on voulait se baigner, mais on ne peut pas là-bas! On n'a vraiment pas eu de chance!
3. On a passé un week-end très chouette. On est allés à la pêche, on a fait du vélo de montagne et on a vu une chute d'eau magnifique. En hiver, là-bas, on peut faire du ski alpin, mais en juillet, on a juste pu faire un pique-nique en plein air. Et puis après, on s'est reposés. Que la nature est belle!

Answers to Activity 14

1. g, h, f—canoeing, mountain biking, sailing
2. e, d, b—camping, hiking, fishing
3. b, h, a—fishing, mountain biking, picnicking

Deuxième étape
24 Ecoutons!

1. — Mais qu'est-ce que tu fais, Elodie?
   — J'emporte des carottes pour les donner aux écureuils. Ils sont si mignons!
   — Mais tu ne dois pas nourrir les animaux! C'est interdit!
   — Vraiment? Ben, alors, je les mangerai.
2. — Romain! Arrête!
   — Mais qu'est-ce que tu as, toi, à crier comme ça?
   — Ne mutile pas les arbres! Tu devrais plutôt en prendre une photo pour en préserver le souvenir. Tiens, voilà mon appareil-photo.

3. — Tu ne vas pas jeter ces papiers, j'espère.
   — Mais... il n'y a pas de poubelle, Bénédicte. Qu'est-ce que je dois en faire?
   — Pourquoi tu ne les remportes pas avec toi? Tu peux les jeter plus tard. Il faut respecter la nature!

Answers to Activity 24

1. b   2. c   3. a

Troisième étape
29 Ecoutons!

GUILLAUME Qu'est-ce que tu as fait le week-end dernier?

SEVERINE Je suis allée camper au parc du Saguenay avec des amies. Nous sommes allées en voiture jusqu'au parc, puis nous avons marché.

GUILLAUME Ah oui? Vous avez dû beaucoup vous amuser, surtout avec ce beau temps.

SEVERINE Oui, il faisait très beau, et nous avons pu faire du canotage, des randonnées...

GUILLAUME Quelle chance! Ça doit être magnifique là-bas, surtout les fjords!

SEVERINE Oui, tu verras, j'ai pris beaucoup de photos. Le seul problème, c'était Monique.

GUILLAUME Monique? Mais elle est super sympa, non?

SEVERINE En général, oui, mais ce week-end, elle était de très mauvaise humeur. Elle se plaignait constamment. D'abord, elle avait mal aux pieds, ensuite, elle crevait de faim, après ça, son sac à dos était trop lourd. Et puis, elle ne voulait rien faire.

GUILLAUME Alors, qu'est-ce que tu as fait?

SEVERINE Je lui ai parlé, et elle m'a expliqué ce qui s'était passé. C'était un malentendu avec son copain. Enfin, on s'est bien amusées.

Answers to Activity 29

1. Il faisait très beau.
2. Elles ont fait du canotage et des randonnées. Séverine a pris des photos.
3. Elle était de mauvaise humeur; elle s'est disputée avec son copain.

Mise en pratique 2

ETIENNE Dis, Béatrix, on va bientôt finir? Je n'en peux plus, moi!

BEATRIX Courage! On y est presque!

ETIENNE Je suis fatigué, moi. Et je meurs de faim en plus. Tu sais, cette randonnée pédestre de cinq kilomètres, c'était peut-être pas une si bonne idée!

BEATRIX Oh là là! Mais arrête un peu!

ETIENNE Aïe!

BEATRIX Quoi? Qu'est-ce qu'il y a maintenant?

ETIENNE Je ne sais pas. J'ai mal au bras. Tu as emporté la trousse de premiers soins?

BEATRIX Bien sûr. Fais-moi voir... Mais, tu n'as rien du tout! Qu'est-ce que tu racontes! Allez, dépêche-toi un peu!

ETIENNE Eh ben, en tout cas, moi, cet après-midi, je vais rester au camping et je vais faire la sieste.

BEATRIX Ah toi, vraiment! Tu as la chance de passer le week-end dans un des plus beaux parcs du Québec et tu veux faire la sieste!

ETIENNE Et alors? Je suis fatigué et j'en ai marre de marcher.

BEATRIX Comme tu veux. Moi, je vais faire du canotage et ensuite, je vais faire du vélo de montagne.

ETIENNE Eh ben, bon courage!

Answers to Mise en pratique Activity 2

1. They're hiking.
2. He complains about being tired and very hungry.
3. His arm hurts.
4. She wants to go canoeing and then mountain-bike riding.
5. He's going to take a nap.

Additional Listening Activity 12-1, p. 95

SEAN   J'ai des projets super pour nos vacances! Il faut absolument que tu visites Big Bend National Park.
MAXIME   Ah, oui? Je ne connais pas. Qu'est-ce qu'il y a à voir là-bas?
SEAN   Des tonnes de choses géniales et plein d'animaux.
MAXIME   Quels genres d'animaux? C'est comme dans un zoo ou c'est des animaux sauvages?
SEAN   Des animaux sauvages, bien sûr; c'est en pleine nature. Il y a des ours, des écureuils, des renards, des ratons laveurs et plein d'autres animaux.
MAXIME   Ça a l'air sympa, tout ça! On peut faire du camping dans ce parc?
SEAN   Bien sûr! Et beaucoup d'autres activités... Par exemple, on peut faire des randonnées pédestres, du vélo tout terrain... Il y a un lac aussi où on peut faire du canotage.
MAXIME   Génial! Et où se trouve ce petit paradis?
SEAN   C'est dans l'ouest du Texas, pas très loin du Mexique, en fait.
MAXIME   Et on part quand?
SEAN   Dans une heure. Prépare vite ton sac! C'est un long voyage. Il faut plusieurs heures pour aller à Big Bend.
MAXIME   Je cours faire mon sac et j'arrive!

Additional Listening Activity 12-2, p. 95

J. HADIT   Mesdames, mesdemoiselles, messieurs, bonjour. Je m'appelle Jacques Hadit et je suis ici pour faire gagner un voyage à l'un d'entre vous. Vous avez dix minutes pour me poser des questions. Oui, monsieur, quelle est votre question?
CLIENT   Où se trouve votre pays par rapport à la France?
J. HADIT   Très bonne question, monsieur. Et bien, c'est au nord de la France. Madame, allez-y.
CLIENTE 1   Est-ce qu'on peut faire des randonnées dans votre pays?
J. HADIT   Des randonnées... ? Hmmmm... ça dépend. Quel genre de randonnées?
CLIENTE 1   Des randonnées à ski ou en raquettes.
J. HADIT   Oui, oui, absolument. Je vois qu'on se rapproche. Mademoiselle, votre question?
CLIENTE 2   Est-ce qu'il y a des loups dans votre pays?
J. HADIT   Des loups, oui! Des renards aussi! *(S'adressant à un enfant)* Vas-y, mon petit, pose ta question.
L'ENFANT   Est-ce qu'il y a des éléphants dans ton pays, Monsieur Hadit?
J. HADIT   Ah, non, mon trésor. Il n'y a pas d'éléphants dans mon pays. Désolé. Eh bien, voilà. Je vous retrouve dans une dizaine de minutes pour voir qui va gagner le merveilleux voyage. A tout de suite.

Additional Listening Activity 12-3, p. 96

FREDERIC   Je n'en peux plus. J'ai mal à la tête, j'ai des allergies au pollen et, en plus, je meurs de soif!
AMINATA   Courage, on y est presque. Le plus dur est fait.
FREDERIC   Oui, peut-être... mais moi, je craque complètement. C'est fini, je ne ferai plus jamais de randonnée en montagne en plein mois d'août. C'est trop dur et puis, c'est beaucoup trop fatigant!
AMINATA   Tu ne devrais pas dire ça. Regarde autour de toi, c'est magnifique!
FREDERIC   C'est vrai que c'est beau, mais c'est quand même fini pour moi. C'est ma dernière randonnée!
AMINATA   Allez, respire et apprécie le bon air frais et pur, loin de la pollution des villes.
FREDERIC   Avec mes allergies, je ne peux pas beaucoup profiter de l'air pur, tu vois?
AMINATA   Bon, allez! Pour te faire plaisir, on va redescendre en suivant les sentiers balisés.
FREDERIC   Quelle bonne idée! Ça faisait longtemps que tu n'avais pas eu une bonne idée! En plus, maintenant, je crève de faim. Hmmm, j'imagine déjà le bon repas qui m'attend en bas, au restaurant.
AMINATA   Eh ben, dis-donc! Quelle mine réjouie! Allons-y!
FREDERIC   Ouais, super!

Additional Listening Activity 12-4, p. 96

JEAN   Alors, Papa, qu'est-ce que je dois emporter pour aller faire du camping ce week-end?

LE PERE   Il te faut une tente, un sac de couchage et de la nourriture.

JEAN   Est-ce que je prends quelque chose pour nourrir les animaux?

LE PERE   Non, c'est interdit. Tiens, prends aussi cette lampe de poche. Ah, très important! De la lotion anti-moustiques. Et puis, voilà des allumettes pour faire du feu, aussi.

JEAN   On peut couper des arbres pour faire du feu?

LE PERE   Ah, non! Il ne faut pas mutiler les arbres. Tu ramasses juste du bois mort par terre. Tu veux ta canne à pêche?

JEAN   Non. Je n'aime pas beaucoup pêcher. Par contre, j'ai besoin de sacs-poubelles pour remporter nos déchets.

LE PERE   Bonne idée. C'est très bien de respecter la nature.

JEAN   Eh bien, Papa, merci pour tous tes conseils. A lundi!

LE PERE   Amuse-toi bien! Au revoir!

Additional Listening Activity 12-5, p. 97

CLAUDE   Qu'est-ce que tu as fait ce week-end?

DOMINIQUE   Ah, je me suis bien amusé. On a fait du camping et du canotage avec des amis : Jacques et sa sœur, et puis Denise et ses deux frères.

CLAUDE   Ça s'est bien passé?

DOMINIQUE   Oui, c'était vraiment bien. On a descendu la rivière qui passe devant chez Jacques et on est arrivés jusqu'au Saint-Laurent.

CLAUDE   C'était pas dangereux?

DOMINIQUE   Ben si, un peu. Il y a des rapides vraiment très forts, et des rochers qu'on ne voit pas, sous l'eau. C'était plutôt dangereux. Denise et Alain ont chaviré trois fois. La première fois, ils n'avaient pas bien attaché leurs sacs. Tout est tombé dans l'eau. Ils ont réussi à tout retrouver, sauf la boussole! Mais tout était mouillé.

CLAUDE   Heureusement qu'il faisait beau.

DOMINIQUE   Oui, avec le soleil qu'il y avait, ça a été vite sec. Heureusement qu'on n'avait pas emporté trop de matériel. Juste deux tentes, les sacs de couchage, quelques provisions, une trousse de premiers soins, des allumettes... C'est tout.

CLAUDE   Où est-ce que vous avez campé?

DOMINIQUE   Dans une petite île. C'était plutôt humide, mais c'était très joli. Tous les arbres étaient jaunes et rouges. On a vu un orignal qui est venu boire dans la rivière. On a fait un grand feu et on a fait cuire des pommes de terre. Et puis, on a fait du café.

CLAUDE   Et puis, qu'est-ce que vous avez fait?

DOMINIQUE   On a bu notre café autour du feu, et puis, on a parlé, on a un peu chanté, mais pas longtemps parce qu'on était fatigués! Heureusement, le lendemain, ça a été plus facile. Le courant était beaucoup moins fort. On a passé tous les rapides sans difficulté, et à quatre heures, on était au Saint-Laurent, où le père de Jacques nous attendait.

Additional Listening Activity 12-6, p. 97

AUDREY   Dis, Nicolas, tu connais l'histoire de l'écureuil à la grande bouche?

NICOLAS   Non, raconte!

AUDREY   Alors, tu vois, c'est l'histoire d'un écureuil qui a une très grande bouche. Un jour, il décide d'aller faire un tour pour rencontrer les animaux qui habitent dans la forêt.

NICOLAS   Et après?

AUDREY   Il voit un premier animal. Alors, il lui demande :
— Qui es-tu?
L'animal lui répond :
— Je suis le raton laveur.
L'écureuil lui dit :
— Et qu'est-ce que tu fais ici?
— Je lave ma nourriture.
— Ah! Moi, je suis l'écureuil à la grande bouche.
L'écureuil continue son chemin. Il rencontre un autre animal.

— Bonjour, qui es-tu?
— Je suis le canard.
— Qu'est-ce que tu fais?
— Oh, je nage dans le lac.
— Moi, je suis l'écureuil à la grande bouche.
Puis, il voit un troisième animal.
— Bonjour, toi. Qui es-tu?
— Je suis la mouffette.
— Et qu'est-ce que tu fais ici?
— Moi, je fais peur aux campeurs.
— Enchanté. Moi, je suis l'écureuil à la grande bouche.
Il continue sa promenade et rencontre un nouvel animal.
— Bonjour, toi. Qui es-tu?
— Je suis le renard.
— Que fais-tu?
— Je mange les écureuils, surtout quand ils ont une grande bouche.
Et l'écureuil répond :
— C'est vraiment pas de chance, ça! Je n'ai pas vu un seul écureuil avec une grande bouche aujourd'hui.

Answers to Additional Listening Activities • Chapitre 12

Additional Listening Activity 12-1, p. 95

The following pictures should be checked.
b. squirrel   **c.** raccoon   **d.** fox   **e.** bear
f. canoeing   **g.** hiking   **i.** camping
j. mountain biking

Additional Listening Activity 12-2, p. 95

1. c   2. c   3. a   4. b

Additional Listening Activity 12-3, p. 96

Answers may vary. Possible answers:
1. **a.** He has a headache.
   b. He's suffering from allergies to pollen.
   c. He's dying of thirst.
2. It's the middle of August.
3. She tells him to appreciate the surroundings.
4. She says they're going back and they're going to take the marked trails.
5. He's looking forward to having a good meal in a restaurant because he's very hungry.

Additional Listening Activity 12-4, p. 96

1. _____ a first-aid kit
2. __X__ matches
3. _____ something to cut wood with
4. __X__ a flashlight
5. __X__ food
6. _____ firewood
7. __X__ a sleeping bag
8. _____ something to feed the animals
9. __X__ insect repellent
10. __X__ trash bags
11. __X__ a tent

A fishing pole

Additional Listening Activity 12-5, p. 97

1. true   5. true
2. true   6. false
3. false   7. true
4. false   8. false

Additional Listening Activity 12-6, p. 97

1. It's a squirrel with a big mouth.
2. **a.** a raccoon   He washes his food.
   b. a duck   He swims in the lake.
   c. a skunk   He frightens campers.
   d. a fox   He eats squirrels, especially those with big mouths.
3. Answers will vary.

Scripts and Answers for Testing Program Listening Activities

Chapter 1 164

Chapter 2...168

Chapter 3...172

Chapter 4...176

Chapter 5...180

Chapter 6...184

Midterm Exam.....................................188

Chapter 7 191

Chapter 8...195

Chapter 9...199

Chapter 10..203

Chapter 11..207

Chapter 12..211

Final Exam..215

Listening Scripts for Quizzes • Chapitre 1

Quiz 1-1B Première étape

I. Listening

Arthur et Maxime sont copains, mais ils sont très différents. Physiquement, ils ne se ressemblent pas du tout. Arthur est blond, de taille moyenne et il a les yeux bleus. Maxime est grand avec les yeux marron et les cheveux châtains. Arthur a quatorze ans et Maxime a quinze ans, mais ils sont dans la même classe. Maxime est très sportif. Il joue au tennis et il adore le football. Arthur joue parfois au golf, mais il n'aime pas tellement le sport. Il aime mieux écouter de la musique, surtout du jazz. Ils sont tous les deux sympas. Maxime est très amusant mais quelquefois un peu méchant. Arthur est intelligent et gentil.

Quiz 1-2B Deuxième étape

I. Listening

1. — Eh Pierre, qu'est-ce que je dois prendre?
   — Prends ton appareil-photo et le plan de Paris. Mets des chaussures confortables! On va beaucoup marcher aujourd'hui.
2. — Antoinette, n'oublie pas tes dollars, ton passeport et ton billet d'avion.
   — Ne t'inquiète pas, Maman, j'ai tout.
3. — Henri, pense à prendre un anorak, des gants, une écharpe et des pulls. Il va faire froid à la neige.
   — D'accord.
4. — Tu n'as pas oublié ton maillot de bain et tes lunettes de soleil?
   — Ne t'en fais pas. Je les ai.

Quiz 1-3B Troisième étape

I. Listening

JEAN-MARC   Qu'est-ce qu'on fait, Clotilde?
CLOTILDE   Si tu veux, on peut jouer au tennis.
JEAN-MARC   Non, c'est barbant, ça! Tu as envie de faire du roller?
CLOTILDE   Oui, c'est une excellente idée! Et après, on peut aller au restaurant. Ça te dit de manger italien?
JEAN-MARC   Ah non! Les pizzas, ça ne me dit rien. Je préfère les hamburgers.
CLOTILDE   D'accord. Et ensuite, on pourrait aller chez le disquaire?
JEAN-MARC   Oui, d'accord. Je veux aller aussi à la pâtisserie qui est juste à côté. Et après, on prend le bus et on rentre.
CLOTILDE   Pas question! Je suis en vacances, moi, et j'ai envie d'aller danser.
JEAN-MARC   Bonne idée!

Answers to Listening Activities in
Quizzes 1-1B, 1-2B, 1-3B • Chapitre 1

ANSWERS Quiz 1-1B

I. Listening

    A. (10 points: 2 points per item)

        1. M

        2. A

        3. M

        4. A

        5. A

ANSWERS Quiz 1-2B

I. Listening

    A. (8 points: 2 points per item)

        1. b

        2. d

        3. a

        4. c

ANSWERS Quiz 1-3B

I. Listening

    A. (10 points: 2 points per item)

        1.   J

        2.   C

        3.   C

        4.   J

        5.   C

I. Listening

A. Salut,

J'ai bien reçu ta dernière lettre. Dis donc, ta famille a vraiment l'air super! Aujourd'hui, c'est mon tour de te présenter ma famille. Comme je n'avais pas de bonnes photos, j'ai décidé de te dessiner les membres de ma famille. Alors, mon père s'appelle Marc. Il est plutôt grand et il a les cheveux bruns. Il a trente-cinq ans et il est professeur d'éducation physique. A côté de lui, c'est ma mère. Elle s'appelle Alice. Elle est petite et elle a les cheveux blonds. J'ai deux frères. Le plus âgé, c'est Paul. Il ressemble beaucoup à mon père. Il a les cheveux bruns et il est grand. Dans ses bras, c'est Maya, ma chatte. Mon petit frère s'appelle Etienne. Lui, il est assez petit et il a les cheveux blonds, comme ma mère. Il est timide. Et puis, il y a ma sœur Véronique. C'est la plus jeune de la famille. Ah! J'oubliais. Nous avons une autre chatte. Elle est très grosse et blanche. Elle s'appelle Cléo. Tu dois te demander qui est le beau garçon blond qui a l'air très fort. Eh bien, c'est moi. Pas mal, non? Voilà, tu connais toute ma famille. Bon, je te laisse. A bientôt.

Sylvain

B. Je suis vraiment contente d'aller à Paris. Il y a tellement de choses à faire là-bas! Je suis sûre que je vais bien m'amuser. D'abord, je crois que je vais aller voir la tour Eiffel. Puis, j'ai envie de visiter Notre-Dame. Il paraît que c'est une des plus belles cathédrales de France. Après ça, ma tante m'a dit qu'elle m'emmènerait au musée du Louvre. Je vais pouvoir admirer *la Joconde* de Léonard de Vinci. Super, non? Ensuite, j'irai me balader dans les rues de la ville et peut-être que je m'arrêterai dans un café. Enfin, le soir, je vais aller voir un film au cinéma.

C. 11. — Maud, ça te dit d'aller faire les magasins samedi après-midi?
    — Je ne peux pas. Il faut que je garde ma petite sœur; mes parents doivent travailler.
    — Bon, tant pis. Une autre fois, peut-être.

12. — Dis, Valérie, tu as envie d'aller à la plage cet après-midi? Il fait un temps super.
    — Bof, ça ne me dit rien. Et puis, j'ai promis à ma sœur de l'aider à laver Jazz, son chien.

13. — Tu n'as pas faim, Pierre?
    — Si, un peu.
    — On pourrait aller manger une pizza.
    — Oui, c'est une bonne idée. J'adore la pizza.

14. — Sophie a décidé de venir au ciné avec nous ce soir. Je dois passer la chercher à huit heures. Si tu veux, on peut venir chez toi vers huit heures et quart.
    — D'accord. Alors, à ce soir.

15. — Qu'est-ce qu'on fait ce soir?
    — Si on allait à la boum de Jean-François?
    — Alors là, pas question! On ne se parle plus depuis deux semaines et, de toute façon, il ne m'a pas invitée.

I. Listening   Maximum Score: 30 points

A. (10 points: 2 points per item)
   1. d
   2. e
   3. a
   4. c
   5. b

B. (10 points: 2 points per item)
   6. e
   7. c
   8. d
   9. b
   10. a

C. (10 points: 2 points per item)
   11. b
   12. b
   13. a
   14. a
   15. b

Quiz 2-IB Première étape

I. Listening

1. Vous n'avez pas faim, Pamela? Vous n'avez rien mangé au restaurant. Voulez-vous un sandwich?
2. Bonjour, Cyril. Le voyage s'est bien passé? Tu n'es pas trop fatigué?
3. Bienvenue, M. et Mme Suchet. Vous n'êtes pas trop fatigués?
4. Je meurs de soif! Ce match de tennis était fatigant!
5. Vous n'avez pas soif, Jean-Luc et Claudine?

Quiz 2-2B Deuxième étape

I. Listening

1. — Il est génial, ton ordinateur. Je n'en ai jamais vu de si bizarre.
   — C'est normal, Thierry. C'est un minitel!

2. — J'adore ta chambre. Elle est très cool!
   — Merci, c'est gentil.

3. — Voilà le bureau de Papa. Il est très vieux.
   — C'est beau, mais ce n'est pas mon style. Moi, je préfère le moderne.

4. — C'est super! C'est quel monument?
   — Mais c'est la tour Eiffel! C'est à Paris et nous allons la visiter cet été!

Quiz 2-3B Troisième étape

I. Listening

1. — Bonjour, monsieur. Où est la bibliothèque, s'il vous plaît?
   — Continuez tout droit, puis tournez à droite. Vous allez la voir à côté du théâtre.

2. — Sabine, où est le lycée? J'aimerais le visiter aujourd'hui.
   — Prends la rue Napoléon, puis traverse le parc et tu vas le voir.

3. — Pardon, madame. La gare, s'il vous plaît?
   — Allez jusqu'à la piscine, tournez à gauche et descendez l'avenue.

4. — Bonjour, je cherche l'auberge de jeunesse, s'il vous plaît.
   — Ah, c'est très près. Continuez tout droit, c'est à côté de l'office de tourisme.

5. — Où est la poste, s'il vous plaît?
   — Là-bas, mademoiselle. Continuez tout droit.

Answers to Listening Activities
in Quizzes 2-1B, 2-2B, 2-3B • Chapitre 2

ANSWERS Quiz 2-1B

I. Listening

    A. (10 points: 2 points per item)
        1. c
        2. b
        3. e
        4. a
        5. d

ANSWERS Quiz 2-2B

I. Listening

    A. (8 points: 2 points per item)
        1. e
        2. d
        3. a
        4. c

ANSWERS Quiz 2-3B

I. Listening

    A. (10 points: 2 points per item)
        1. b
        2. e
        3. d
        4. c
        5. a

I. Listening

A. 1. — Bienvenue, Erica! Alors, tu as fait bon voyage?
— Oui, excellent. J'aime bien l'avion!
— Tu as soif?
— Oui, très.

2. — Est-ce que tu veux téléphoner à tes parents?
— Oui, je veux bien. Ils doivent se demander comment s'est passé mon voyage.

3. — Est-ce que tu as mangé dans l'avion?
— Oui, mais c'était pas terrible.
— Alors, tu as sûrement faim?
— Un peu, oui.
— Bon, viens avec moi à la cuisine.

4. — Erica... Erica...
— Oh là là! J'étais en train de m'endormir. Excuse-moi.
— T'en fais pas, je comprends. Après un voyage pareil, c'est normal d'être fatigué. Tiens, je vais te montrer ta chambre. Tu peux te reposer un moment, si tu veux.

5. — Ah! Pendant qu'on est dans ta chambre, je vais te montrer l'endroit où tu peux ranger tes vêtements. Voilà, c'est là.
— Merci. Dis donc, il est super! Chez moi, aux Etats-Unis, nous avons un meuble comme ça pour notre télévision.
— Ah bon?

B. 6. MARION Ça y est. On est arrivés. Voici notre maison, Manuel.
MANUEL Ouah! Elle est super. Et elle a l'air grande aussi. C'est toi qui as planté toutes ces fleurs dehors?
MARION Oui, elles te plaisent?
MANUEL Oui, elles sont vraiment super.

7. MARION Bon, entrons. Tiens, pour l'instant tu peux poser tes affaires là, près du sofa. Tiens, je te présente mon père.
FATHER Bienvenue, Manuel!
MARION Tu sais, il adore le football et il passe sa vie devant la télé. Bon match, Papa! Allez, viens! Je vais te faire visiter la maison.

8. MANUEL Dis donc, qu'est-ce qu'elle est grande, cette table!
MARION Oui. Tu sais, on mange souvent dans la cuisine et on réserve cette pièce pour les jours où on a des invités, ou pour des occasions spéciales.

9. MARION Viens, je vais te présenter ma mère. Je crois qu'elle est en train de préparer le repas de ce soir. Oui, tiens, la voilà.
MOTHER Bienvenue, Manuel!
MARION Tiens, est-ce que tu as soif? Il y a du jus de fruit dans le frigo.

10. MARION Bon, maintenant, montons au premier. C'est là que sont les chambres. Ici, c'est la mienne.
MANUEL J'aime beaucoup ton bureau. Il est très chouette.
MARION Tu trouves?

C. 11. Alors, en sortant de la gare, allez à droite. Puis, tournez à droite dans la rue Clémenceau. Allez tout droit et ensuite, tournez à gauche dans la rue Victor Hugo. C'est un grand bâtiment tout de suite à votre droite.

12. Prenez la rue Clémenceau et allez tout droit. Vous allez passer la rue Jean Moulin. Tournez à droite dans la rue de la Paix. C'est à gauche, juste après l'église.

13. C'est très simple. A la sortie de la gare, allez à droite. Traversez la rue Clémenceau et continuez tout droit dans la rue de la Poste. C'est à votre droite, entre la poste et le lycée.

14. Prenez la rue Clémenceau. Allez toujours tout droit. Après la rue Charlemagne, vous allez voir l'hôtel sur votre gauche. Tournez à gauche après l'hôtel dans la rue Henri IV. C'est sur la droite entre le café et le stade.

Answers to Chapter Test Listening Activities • Chapitre 2

I. Listening Maximum Score: 28 points

A. (10 points: 2 points per item)
1. b
2. d
3. a
4. c
5. e

B. (10 points: 2 points per item)
6. d
7. a
8. c
9. b
10. e

C. (8 points: 2 points per item)
11. e
12. b
13. c
14. a

TESTING PROGRAM • SCRIPTS & ANSWERS

French 2 Allez, viens!, Chapter 2

Listening Activities **171**

Copyright © by Holt, Rinehart and Winston. All rights reserved.

Quiz 3-1B Première étape

I. Listening

1. — Tu vas en ville, Sophie? S'il te plaît, rapporte-moi du pain et des croissants pour le petit déjeuner.
   — Combien est-ce que tu en veux?
   — Prends deux baguettes et six croissants.

2. — Maman, je voudrais acheter des religieuses pour l'anniversaire de Mélanie.
   — C'est une excellente idée! Voilà de l'argent pour tes gâteaux.

3. — Alors, pour préparer le déjeuner, il me faut des œufs, du fromage et du lait.
   — Tu fais une quiche? Super!

4. — Ce soir, les Dupont viennent dîner.
   — Ils n'aiment pas la viande, n'est-ce pas?
   — Oui, donc, achète du poisson et des huîtres, s'il te plaît.

5. — Alain, il me faut du pâté. Tu m'en rapportes, s'il te plaît?
   — D'accord, Maman. J'y vais tout de suite.

Quiz 3-2B Deuxième étape

I. Listening

1. Catherine, tu as encore faim? Tu veux un peu de rôti?
2. Je pourrais avoir encore des crevettes?
3. Mme Lenoir, voulez-vous un peu de tarte aux pommes avec votre café?
4. Un millefeuille? Ah, non merci. Ils sont très bons mais je n'ai plus faim.
5. J'ai très soif. Tu pourrais me passer le lait?

Quiz 3-3B Troisième étape

I. Listening

1. — Qu'est-ce que je pourrais offrir à ma mère pour Noël?
   — Tu pourrais lui acheter un foulard Hermès®.
   — Mais tu es folle! C'est beaucoup trop cher!

2. — Tu as une idée de cadeau pour l'anniversaire d'Aziz?
   — Oui, offrons-lui un portefeuille!
   — D'accord, allons à la maroquinerie.

3. — On pourrait offrir des fleurs au professeur, c'est sa fête!
   — Bonne idée! Allons chez le fleuriste!

4. — Qu'est-ce que je pourrais offrir à ma soeur?
   — Offre-lui un sac à main!
   — Elle en a déja un!

5. — Je vais voir Mme Lenôtre à l'hôpital.
   — Tu vas lui apporter des fleurs?
   — Oh, c'est banal, ça. Je vais lui offrir des bonbons.

Answers to Listening Activities in
Quizzes 3-1B, 3-2B, 3-3B • Chapitre 3

ANSWERS Quiz 3-1B

I. Listening

    A. (10 points: 2 points per item)
        1. a
        2. c
        3. d
        4. f
        5. e

ANSWERS Quiz 3-2B

I. Listening

    A. (10 points: 2 points per item)
        1. b
        2. a
        3. b
        4. c
        5. a

ANSWERS Quiz 3-3B

I. Listening

    A. (10 points: 2 points per item)
        1. b
        2. a
        3. a
        4. b
        5. b

Listening Scripts for Chapter Test • Chapitre 3

I. Listening

A. 1. — Bonjour, Madame Morin, qu'est-ce que ce sera pour vous aujourd'hui?
       — Voyons, je vais faire une quiche, alors il me faudrait 500 grammes de jambon.
       — 700 grammes?
       — Non, 500 seulement.
    2. — Bonjour, Madame Morin. Comment allez-vous?
       — Très bien, merci. Et vous?
       — Oh, ça va, ça va. Qu'est-ce que vous désirez?
       — Je vais prendre une tarte aux pommes. Elles ont l'air délicieuses.
    3. — Bonjour, madame! Qu'est-ce que vous voulez aujourd'hui?
       — Les carottes, c'est combien?
       — Un euro six le kilo, madame.
       — Bon, alors un kilo de carottes, s'il vous plaît.
       — Voilà.
       — Merci.
    4. — Tiens, Madame Morin! C'était comment, la Guadeloupe?
       — C'était formidable!
       — Qu'est-ce qu'il vous faut aujourd'hui?
       — Euh… Donnez-moi trois baguettes, s'il vous plaît.
    5. — Qu'est-ce que ce sera?
       — Je vais prendre un poulet.
       — Un poulet. Et voilà.
       — Oh, remarquez, ils ne sont pas très gros et j'ai six invités. Donnez-m'en plutôt deux.

B. 6. — Ça faisait longtemps qu'on ne s'était pas fait un petit dîner, comme ça, tous les quatre.
       — Oui, tu as raison. Dis-moi, Karine, qu'est-ce que tu mets dans ta quiche? Elle est délicieuse.
       — Oh, tu sais, c'est facile à faire. Je te donnerai la recette, si tu veux.
    7. — Christophe, tu veux encore du poisson?
       — Merci, ça va. Je n'ai plus faim.
    8. — Et toi, Alain?
       — Moi, par contre, je veux bien, mais juste un peu.
    9. — J'adore ton gâteau. Il est vraiment bon.
       — C'est gentil.
   10. — Dites, vous voulez du café avec le gâteau? Ça serait meilleur que de l'eau, non?
       — Oui, pourquoi pas. Du café, c'est une bonne idée.

C. 11. — Marc, à ton avis, qu'est-ce que je pourrais acheter à Sophie pour son anniversaire?
       — Euh… Je ne sais pas. Pourquoi tu ne lui achètes pas un cadre?
       — Je lui en ai déjà offert un pour Noël.
       — Bon, alors un portefeuille peut-être.
       — Oui, c'est une bonne idée. Son portefeuille est vraiment vieux.
   12. — Qu'est-ce que tu vas offrir à Maman pour la fête des Mères?
       — Je pensais lui offrir des fleurs.
       — Des fleurs? Oui, ça fait toujours plaisir.
   13. — Marine, j'ai un conseil à te demander. La semaine prochaine, Emmanuel sort de l'hôpital et je
          voudrais lui acheter un cadeau. A ton avis, qu'est-ce qui lui ferait plaisir?
       — Tu sais, quand je suis allée le voir, il n'a fait que se plaindre de la nourriture de l'hôpital. Je
          pense que des bonbons ou des chocolats lui feraient plaisir.
       — Tu as raison. Je vais aller lui acheter des chocolats.
   14. — Oh là là! Dans deux jours, c'est Noël et je n'ai toujours pas trouvé d'idée de cadeau pour
          Jonathan. Qu'est-ce que je pourrais bien lui offrir?
       — Pourquoi tu ne lui achètes pas une chemise? Il est toujours habillé très à la mode.
       — Une chemise? Non. Tu sais, on n'a pas du tout les mêmes goûts pour les vêtements.
       — Alors, un poster, peut-être?
       — Non, j'ai une meilleure idée. Il adore lire. Je vais lui offrir le dernier livre de Stephen King!

I. Listening   Maximum Score: 28 points

A. (10 points: 2 points per item)
1. c
2. e
3. a
4. b
5. d

B. (10 points: 2 points per item)
6. c
7. b
8. a
9. c
10. a

C. (8 points: 2 points per item)
11. c
12. d
13. a
14. e

Listening Scripts for Quizzes • Chapitre 4

Quiz 4-IB Première étape

I. Listening

Me voilà dans un petit village de pêcheurs à la Martinique! C'est une petite île qui se trouve dans la mer des Caraïbes, aux Antilles françaises. Ici, il y a des plages magnifiques avec du sable noir. C'est super cool de se baigner dans la mer parce qu'elle est chaude. On peut se promener au bord de l'eau ou dans la forêt tropicale, mais attention aux moustiques; il y en a beaucoup. Il y a beaucoup de bananiers et de cocotiers. Les bananes et les noix de coco sont délicieuses, mais moi, je préfère les ananas. J'adore la Martinique!

Quiz 4-2B Deuxième étape

I. Listening

1. — Qu'est-ce qu'on peut faire ce matin?
   — On peut faire de la planche à voile. Ce que j'aime bien, c'est faire du sport!
   — D'accord, allons-y!

2. — Ça te dit de te promener sur la plage?
   — Non, pas vraiment. Marcher, ça m'ennuie.

3. — Si on allait à la pêche?
   — Super! J'aimerais bien pêcher de gros poissons!

4. — On peut faire de la plongée sous-marine cet après-midi?
   — Moi, ce que je préfère, c'est la plongée avec un tuba.

5. — Ça te dit de faire du deltaplane?
   — Oh oui, mais ce que je n'aime pas, c'est que c'est un sport dangereux.

Quiz 4-3B Troisième étape

I. Listening

Le matin, Lucas se réveille vers sept heures. Il se lève et il va d'abord dans la cuisine pour préparer son petit déjeuner. Il boit son café au lait et il mange des croissants. Vers sept heures et demie il promène son chien. Il rentre à la maison et il se lave. Après ça, il se brosse les dents. Puis, il va dans sa chambre pour s'habiller et finalement il sort avec ses copains.

Answers to Listening Activities in Quizzes 4-1B, 4-2B, 4-3B • Chapitre 4

ANSWERS Quiz 4-1B

I. Listening
- **A.** (10 points: 2 points per item)
  - **1.** b
  - **2.** a
  - **3.** b
  - **4.** b
  - **5.** b

ANSWERS Quiz 4-2B

I. Listening
- **A.** (10 points: 2 points per item)
  - **1.** b
  - **2.** a
  - **3.** c
  - **4.** d
  - **5.** e

ANSWERS Quiz 4-3B

I. Listening
- **A.** (10 points: 2 points per item)
  - **1.** b
  - **2.** c
  - **3.** d
  - **4.** a
  - **5.** e

Listening Scripts for Chapter Test • Chapitre 4

I. Listening

A.
1. Alors, dans le nord, on annonce beaucoup de nuages et peut-être de la pluie pour toute la journée de demain.
2. Dans la région centre-est, et plus particulièrement dans les Alpes, de la neige est attendue.
3. On prévoit du soleil sur la capitale ainsi que dans l'ensemble de la région parisienne, mais attention, il y aura quand même quelques nuages.
4. Dans le sud, les températures restent élevées, mais il pleuvra au bord de la Méditerranée.

B.
5. Moi, ce que j'aime faire quand il fait beau, c'est aller promener mon chien au parc.
6. J'habite au bord de la mer et ce que j'adore, c'est faire de la plongée sous-marine.
7. Ce que je déteste vraiment, c'est rester à la maison et faire le ménage.
8. Quand il neige, ce que j'aime bien, c'est aller faire du ski avec mes copains.
9. Ce que je n'aime pas trop, c'est faire du camping. Je trouve ça plutôt ennuyeux.

C. D'abord, je me lève, en général vers sept heures. Je cours à la salle de bains avant que mon frère se réveille, parce que lui, il y reste pendant des heures et c'est énervant. Là, je me lave la figure pour me réveiller. Ensuite, je me brosse les dents. Après, je m'habille. Finalement, je pars au lycée.

I. Listening   Maximum Score: 28 points

A. (8 points: 2 points per item)
1. b
2. d
3. c
4. e

B. (10 points: 2 points per item)
5. a
6. a
7. b
8. a
9. b

C. (10 points: 2 points per item)
10. d
11. e
12. a
13. b
14. c

Quiz 5-1B Première étape

I. Listening

— Bonjour Annick, ca n'a pas l'air d'aller.

— Oh là là, j'ai eu une journée vraiment bizarre!

— Raconte!

— Et bien voilà, d'abord je n'ai pas pu me lever ce matin. J'ai bien entendu le réveil mais j'étais très fatiguée parce qu'hier soir je me suis couchée tard pour finir mes devoirs. Donc, j'ai raté le bus. Ensuite, j'ai pris mon vélo mais sur la route du lycée, j'ai eu un accident. Je suis arrivée en retard en classe mais le prof n'était pas du tout furieux. Il m'a rendu mon interro de géographie et j'ai eu 18 sur 20. Enfin, une bonne surprise!

Quiz 5-2B Deuxième étape

I. Listening

1. — Bonjour, Paul, comment ça s'est passé?
   — Tout a été de travers! On m'a rendu trois interros et j'ai eu trois mauvaises notes!
   — Pauvre vieux!

2. — Comment s'est passée ta journée, Elisabeth?
   — C'est pas mon jour! J'ai perdu mon sac avec tous mes devoirs et j'ai été collée.
   — C'est dommage.

3. — Bonjour, Pierre, comment se sont passées tes vacances?
   — C'était incroyable! La Martinique, c'est vraiment super!

4. — Alors, comment s'est passée ta journée?
   — Formidable! J'ai rencontré une fille super gentille au restaurant belge, et on va sortir ensemble samedi. C'est génial, non?

5. — Tiens, voilà Hakim. Ça va?
   — Quelle journée! Je me suis disputé avec Céline, je suis tombé dans l'escalier au lycée et j'ai déchiré mon jean tout neuf.
   — Ah, c'est pas de chance! Mais courage, c'est pas grave!

Quiz 5-3B Troisième étape

I. Listening

1. — Tu as eu dix-neuf en maths? Bravo!
   — Merci, c'est en maths que je suis le meilleur.
2. — Le prof a rendu ton interro d'histoire?
   — Oui, j'ai eu une mauvaise note.
   — Tu dois mieux travailler, c'est tout!
3. — Je ne comprends pas la chimie. J'ai eu huit à mon interro.
   — Tu ne dois pas faire le clown en classe!
4. — Dis, c'est facile, la géo?
   — Oui, j'ai de très bonnes notes dans ce cours.
   — Chapeau!

French 2 Allez, viens!, Chapter 5

Answers to Listening Activities in Quizzes 5-1B, 5-2B, 5-3B • Chapitre 5

ANSWERS Quiz 5-1B

I. Listening

    A. (10 points: 2 points per item)
        1. b
        2. a
        3. a
        4. b
        5. b

ANSWERS Quiz 5-2B

I. Listening

    A. (10 points: 2 points per item)
        1. b
        2. b
        3. a
        4. a
        5. b

ANSWERS Quiz 5-3B

I. Listening

    A. (8 points: 2 points per item)
        1. b
        2. a
        3. a
        4. b

I. Listening

A. 1. Je suis fier de Sylvie Ruiz. Elle est la seule de la classe qui a eu une bonne note à la dernière interro.

2. Oh là là! Ce matin, Nadine a raté une marche et elle est tombée dans l'escalier. Pauvre petite!

3. Cette Michèle! Elle a encore raté son bus ce matin. C'est la troisième fois ce mois-ci. C'est vraiment inadmissible.

4. Jean-Pierre a perdu son livre d'histoire la semaine dernière. Et cette semaine, il a perdu son livre de maths. Quelle tête en l'air, ce garçon!

5. Quand j'ai rendu les interros aujourd'hui, Pascal a eu une mauvaise note et il a déchiré son interro devant moi. S'il recommence, j'écris à son père.

B. 6. — C'est pas mon jour! Huit à l'interro d'anglais!
— Tu dois mieux travailler en classe. Tu n'étudies jamais!

7. — Ça s'est bien passé pour une fois ce matin. Seize à l'interro d'anglais!
— Chapeau!

8. — Regarde-moi ça! Les maths, c'est vraiment pas mon fort. Je n'y comprends rien.
— Tu devrais parler à ta prof. Elle est très sympa, tu sais.

9. — Je ne comprends pas! D'habitude, je suis nulle en géo mais aujourd'hui, j'ai eu quinze!
— Félicitations! C'est formidable!

10. — Regardez mon bulletin! Vous savez, d'habitude, je ne suis pas doué pour les sciences, mais pour une fois, j'ai une très bonne note!
— Tu vois, quand tu ne fais pas le clown en classe, on voit la différence dans tes notes.

C. 11. — Ça n'a pas l'air d'aller...
— Quelle journée hier!
— Qu'est-ce qui t'est arrivé?
— J'ai été collé à cause de mon ami Sylvain. Il a parlé pendant tout le cours, mais le prof ne l'a pas vu et il a pensé que c'était moi.
— C'est pas de chance, ça! Pauvre vieux!

12. — Monsieur Meyer a rendu les interros hier.
— Et alors?
— Alors, j'ai eu la meilleure note!
— Chapeau! Ses interros sont toujours difficiles.

13. — Oh là là! J'ai eu six à mon interro de géo.
— Qu'est-ce qui s'est passé? Tu as toujours de bonnes notes en géo, non?
— Ben, c'est parce que je suis allée au concert de Patrick Bruel lundi et je n'ai pas étudié.
— Tu dois travailler au lieu de t'amuser. Ne recommence pas.

14. — Qu'est-ce qui ne va pas?
— Après tout le temps que j'ai passé à étudier, j'ai encore eu une mauvaise note en allemand.
— T'en fais pas. Ça va aller mieux. Courage! Allez, je te paie un café après les cours. D'accord?

182 Listening Activities

French 2 Allez, viens!, Chapter 5

Answers to Chapter Test Listening Activities • Chapitre 5

I. Listening   Maximum Score: 28 points

A. (10 points: 2 points per item)
1. c
2. e
3. a
4. b
5. d

B. (10 points: 2 points per item)
6. b
7. a
8. b
9. a
10. a

C. (8 points: 2 points per item)
11. a
12. c
13. b
14. a

Quiz 6-1B Première étape

I. Listening

1. — Alors, Sophie, cette visite au château, ça t'a plu?
   — Oui, j'ai adoré le spectacle son et lumière. C'était vraiment superbe!

2. — Bonjour, Paul. Qu'est-ce que tu as fait le weekend dernier?
   — J'ai passé la journée de samedi au parc d'attractions. Je me suis beaucoup amusé sur les montagnes russes.

3. — C'était comment, la fête chez Claudine? Sympa?
   — En fait, je me suis ennuyé. J'ai trouvé ses amis nuls.

4. — Tu t'es amusée ce weekend?
   — Non, c'était mortel. Ma sœur a voulu visiter le zoo et voir tous les animaux.

5. — Salut, c'était bien, ton pique-nique?
   — Comme ci comme ça. Il a plu, alors nous avons dû partir tôt.

Quiz 6-2B Deuxième étape

I. Listening

1. — Dimanche dernier, je suis allée au zoo. Je suis entrée dans la cage des lions et je leur ai donné à manger.
   — Mon œil! On ne peut pas faire ça!

2. — Vincent, Catherine et moi, nous sommes allés visiter le château de Chenonceau. Eh bien, Vincent a disparu pendant la visite.
   — Quelle horreur! Vous avez téléphoné à la police, j'espère?

3. — Pour mon anniversaire, je vais faire une fête dans le château d'Azay-le-Rideau!
   — Pas possible! Tu plaisantes!

4. — Hier, j'ai rencontré le Prince Charles. Il est très sympa!
   — N'importe quoi! Il n'est même pas aux Etats-Unis en ce moment.

5. — Tu sais, j'ai eu vingt à mon interro de maths!
   — Bravo! Tu as sûrement beaucoup étudié!

6. — C'est mon oncle qui a inventé l'ordinateur.
   — Ça m'étonnerait!

Quiz 6-3B Troisième étape

I. Listening

1. A quelle heure est-ce que vous ouvrez le week-end?
2. Combien coûte un billet pour Loches?
3. Je voudrais des timbres pour les Etats-Unis, s'il vous plaît. Ça coûte combien?
4. A quelle heure est-ce que le car pour Blois part?

French 2 Allez, viens!, Chapter 6

Answers to Listening Activities in
Quizzes 6-1B, 6-2B, 6-3B • Chapitre 6

ANSWERS Quiz 6-1B

I. Listening
- **A.** (10 points: 2 points per item)
  1. c
  2. b
  3. e
  4. d
  5. a

ANSWERS Quiz 6-2B

I. Listening
- **A.** (12 points: 2 points per item)
  1. b
  2. a
  3. b
  4. b
  5. a
  6. b

ANSWERS Quiz 6-3B

I. Listening
- **A.** (8 points: 2 points per item)
  1. d
  2. c
  3. e
  4. a

I. Listening

A.
  1. — Alors, Annie. C'était bien chez tes grands-parents?
     — Oui, je me suis bien amusée avec mon grand-père. Il m'a appris à jouer au billard.
  2. — Alors, Patrick, tu t'es bien amusé chez Christophe samedi soir?
     — Non, c'était nul! Il y avait que deux filles.
  3. — Fredo! Qu'est-ce que tu as fait ce week-end?
     — Je suis allé au zoo avec mon petit cousin. Il a bien aimé, mais moi, je me suis en-nuyé.
  4. — Bonjour, Ghislaine. C'était comment, ton week-end?
     — Super! J'ai rencontré un garçon sensass.
  5. — Yannick, je suppose que tu as étudié tout le week-end, comme d'habitude.
     — Eh bien, non. J'ai pris le car pour aller voir ma mère à Fontainebleau. Je me suis beaucoup amusée là-bas.

B.

LA CLIENTE	Bonjour, monsieur.
L'EMPLOYE	Bonjour, mademoiselle.
LA CLIENTE	Pourriez-vous me dire à quelle heure part le prochain train pour Paris, s'il vous plaît?
L'EMPLOYE	Paris? Voyons... Dans une heure, à vingt et une heures vingt.
LA CLIENTE	Oh là là, je ne vais pas avoir le temps de me préparer. Et le prochain?
L'EMPLOYE	Ah, celui de vingt et une heures vingt est le dernier train aujourd'hui. Le prochain part demain matin à six heures dix.
LA CLIENTE	Bon, très bien, je vais prendre le train de six heures dix. C'est combien, un aller simple?
L'EMPLOYE	Dix-sept euros, mademoiselle.
LA CLIENTE	Vous ouvrez à quelle heure le matin?
L'EMPLOYE	A six heures. Vous feriez bien d'acheter votre billet maintenant.
LA CLIENTE	Oui, c'est vrai. Alors, donnez-moi un aller simple pour Paris, s'il vous plaît.
L'EMPLOYE	Voilà. Ça fait dix-sept euros, s'il vous plaît.
LA CLIENTE	Tenez. Et de quel quai part le train?
L'EMPLOYE	Alors, c'est le train cinquante-six et il part du quai deux.
LA CLIENTE	Merci, au revoir.
L'EMPLOYE	Au revoir, mademoiselle.

C.
  — Salut, Hugues.
  — Bonjour, Isa.
  — Dis, il paraît que quelque chose d'amusant s'est passé au château de Chenonceau ce week-end. Raconte!
  — Ben, au début, la visite du château était plûtot mortelle. Le guide parlait et parlait... Et puis, Bernard a regardé par la fenêtre du grand salon et il a vu un gros chien blanc dans le jardin. Le chien était tout seul et il avait l'air triste.
  — Tu plaisantes! Dans le jardin du château?
  — Oui, oui, je t'assure. Alors, Bernard et moi, on l'a appelé. Et comme la fenêtre était ouverte, le chien est entré dans le grand salon.
  — Entré dans le salon? Mon œil!
  — Attends! Tous les élèves ont joué avec le chien et on lui a même donné à manger. On a décidé de l'appeler François Ier.
  — C'est incroyable! Mais le guide et Monsieur Richard, qu'est-ce qu'ils ont dit?
  — Ben, quand le guide a vu François Ier, il a crié «Sortez ce chien immédiatement. Ce n'est pas un zoo ici!». Monsieur Richard était furieux. Il nous a collés, Bernard et moi.

I. Listening   Maximum Score: 30 points

A. (10 points: 2 points per item)
    1. a
    2. b
    3. b
    4. a
    5. a

B. (10 points: 2 points per item)
    6. c
    7. b
    8. a
    9. c
    10. a

C. (10 points: 2 points per item)
    11. a
    12. b
    13. b
    14. a
    15. b

Listening Scripts for Midterm Exam

I. Listening

A. 1. — Paul, encore du rôti de porc?
— Merci, Maman. Ça va.

2. — Papa, tu veux reprendre des frites?
— Je n'ai plus faim, chérie. Je me réserve pour le dessert.

3. — Maman, ton rôti est vraiment bon!
— Tu trouves? C'est gentil!

4. — Grand-maman, je te donne un petit morceau de gâteau?
— Je veux bien, Pascale.

5. — Qui est-ce qui veut de la glace avec le gâteau?
— Moi, je vais en prendre.

B. 6. Guillaume est très intelligent mais il fait toujours le clown en classe.

7. Ce que j'aime bien chez Ali, c'est qu'on ne s'ennuie jamais avec lui. Tu l'invites à une boum et il danse le zouk, il parle à tout le monde et il raconte toutes sortes d'histoires drôles.

8. Paméla? Bof! Elle raconte toujours la même chose. «Combien coûte ce foulard?» «Tu aimes mon nouveau sac à main?» «Vendredi soir, j'ai acheté un pull adorable...»

9. Tu sais que Bruno est champion de ski? Il a gagné un prix à Chamonix en janvier. Mais il est si modeste! Il n'en parle jamais.

10. J'aime beaucoup Hélène. Elle est vraiment sympa. Quand j'ai eu dix-huit en histoire, Hélène était la première à me féliciter. Elle m'a dit «Bravo! C'est super!» Elle encourage toujours les autres.

C. 11. Le cours d'informatique est très difficile. J'ai du mal à comprendre.

12. Je viens de passer une heure incroyable avec Mme Martino. Elle nous a raconté une anecdote super à propos de son chien. C'était génial.

13. Tout a été de travers en maths. J'ai eu six à l'interro et Mme Lepic va parler à mes parents.

14. La biologie, c'est comme ci comme ça. Le nouveau prof est plus ou moins sympa.

15. On s'est beaucoup amusés ce matin en gym. Monsieur Lebœuf est sensass. La semaine prochaine, il va nous montrer une vidéo de football américain.

D. 16. — Ça te dit d'acheter une religieuse? On pourrait la partager.
— Oh, non. J'ai trop faim. Il faut en acheter une chacun.
— Gourmand! Bon, d'accord. Voilà mes cinq euros. Achète-les.

17. — Elle est cool, ta nouvelle chaîne stéréo.
— Tu trouves?
— Qu'est-ce que tu as comme CD? Où sont-ils?
— Là, à côté des étagères.

18. — Où est la bibliothèque municipale?
— Euh... il faut traverser cette place en face et continuer tout droit.
— Tu es sûre? Elle n'est pas derrière l'hôpital?
— Tu me demandes mais tu ne me crois jamais!

19. — A quelle heure est-ce que le train pour Amboise part?
    — A treize heures cinq, mademoiselle.
    — Combien coûte un aller-retour?
    — Quinze euros.
    — Merci, monsieur.
20. — Je veux offrir des fleurs à ta mère.
    — C'est gentil, ça! Et en plus, elle adore les fleurs.
    — Bon. C'est combien, ce bouquet, madame?

E. Salut, tout le monde! C'est moi, Malcolm. Ça va très bien ici et je commence à m'habituer à ma nouvelle vie. Ma famille est très sympa. Madame Perrin est dynamique et elle adore discuter avec moi. Monsieur Perrin est plus timide mais il est aussi très gentil. Ma nouvelle sœur, Pascale, est super. La maison est un peu différente de la mienne. J'oublie toujours que ce qu'on appelle le premier étage ici, c'est le deuxième étage pour moi. Alors, le premier jour à l'école, j'avais quelques problèmes! Mais ça va maintenant! Les cours au lycée sont difficiles, mais mes camarades de classe sont gentils et ils m'aident beaucoup. Dans ma chambre, j'ai un grand lit et une chaîne stéréo. J'écoute de la musique française tout le temps. Je fais beaucoup de choses très amusantes avec Pascale. On est allés au zoo et au parc d'attractions, et demain, on va assister à un spectacle son et lumière dans un château, avec toute la famille. J'espère que tout va bien pour vous aussi. Ecrivez-moi! Salut.

Answers to Midterm Exam Listening Activities

I. Listening   Maximum Score: 26 points

A. (5 points: 1 point per item)
1. b
2. b
3. c
4. a
5. a

B. (5 points: 1 point per item)
6. b
7. e
8. a
9. c
10. d

C. (5 points: 1 point per item)
11. c
12. a
13. c
14. b
15. a

D. (5 points: 1 point per item)
16. b
17. d
18. c
19. e
20. a

E. (6 points: 1 point per item)
21. b
22. c
23. a
24. b
25. c
26. c

Quiz 7-1B Première étape

I. Listening

1. — Qu'est-ce que tu as, Karim?
   — Oh, ce n'est rien. J'ai des allergies au printemps.

2. — Bonjour, Céline. Quelque chose ne va pas?
   — J'ai très mal à la tête et je ne me sens pas bien. Je rentre me coucher.

3. — Eh bien, tu n'as pas l'air en forme, Pascal! Qu'est-ce qui se passe?
   — Je suis malade. Le docteur dit que j'ai la grippe.
   — Tu es fou? Va te reposer tout de suite!

4. — Alors, Marie-Claire, quelque chose ne va pas?
   — Je suis toute raplapla et j'ai mal au coeur. Je crois que j'ai mangé trop de pâtisseries.

Quiz 7-2B Deuxième étape

I. Listening

1. Bonjour Pierre. Tu n'as pas l'air en forme! Tu sais, tu devrais te mettre en condition. Faire du sport, c'est important pour avoir la forme.

2. Oui, tu as raison. Je fais encore trente minutes d'aérobic et puis je me repose.

3. Non, je craque, j'abandonne. Je n'ai vraiment pas envie de faire ces pompes. C'est fatigant et stupide!

4. Pourquoi tu ne fais pas de la musculation? Tu peux en faire avec moi le mardi et le jeudi.

5. Eh bien, moi, la gymnastique, ce n'est pas mon truc. Et puis, je n'ai pas le temps.

Quiz 7-3B Troisième étape

I. Listening

1. — Salut, Sophie, on mange au restaurant végétarien ce midi.
   — Ah bon? Pourquoi?
   — Parce que pour moi, c'est important de bien se nourrir : manger des légumes, du riz et des fruits. Tu vas voir, c'est bon pour toi.

2. — Encore des pâtisseries! Tu en as déjà mangé deux tout à l'heure. Tu sais, tu devrais éviter de grignoter entre les repas!
   — Tu as raison, Annie. Je vais attendre midi.

3. — Eh Victor, tu viens manger avec moi?
   — Non, je ne mange pas à midi.
   — Ne saute pas de repas. C'est une très mauvaise habitude.

4. — Tiens, voilà une orange. C'est mieux que de manger des bonbons. On doit bien se nourrir, surtout après le sport.
   — Bonne idée. Merci, Valérie.

5. — Tu ne devrais pas acheter toutes ces pâtisseries. Il faut éviter de consommer trop de sucre!
   — D'accord, je vais acheter des fruits, alors!

Answers to Listening Activities in Quizzes 7-1B, 7-2B, 7-3B • Chapitre 7

ANSWERS Quiz 7-1B

I. Listening

    A. (8 points: 2 points per item)

        1. b

        2. a

        3. d

        4. c

ANSWERS Quiz 7-2B

I. Listening

    A. (10 points: 2 points per item)

        1. a

        2. b

        3. c

        4. a

        5. c

ANSWERS Quiz 7-3B

I. Listening

    A. (10 points: 2 points per item)

        1. a

        2. b

        3. b

        4. a

        5. b

French 2 Allez, viens!, Chapter 7

I. Listening

A.

1. D'habitude, j'adore faire du jardinage le dimanche. Mais aujourd'hui, je crois que je ne vais pas pouvoir parce que j'ai vraiment mal au dos.
2. Oh là là! Je crois que j'ai trop mangé. J'ai mal au ventre maintenant. Je vais peut-être aller faire une petite promenade. Ça m'aidera sûrement à mieux digérer.
3. Et moi qui devais jouer au tennis avec Marie ce week-end! C'est vraiment pas de chance! En plus, c'est le bras droit que je me suis cassé, bien sûr. Je ne peux même pas prendre de notes à l'école.
4. Elle est vraiment nulle au foot, Sophie. Elle m'a envoyé le ballon en pleine figure. Du coup, mes lunettes sont cassées et puis, qu'est-ce que j'ai mal à la tête!
5. Et Patrick qui m'a offert cette boîte de chocolats pour mon anniversaire. Qu'est-ce qu'ils ont l'air bons! En tout cas, avec ce mal de dents, je ne risque pas de pouvoir les goûter aujourd'hui.

B.

6. Marie-France saute le petit déjeuner tous les jours. Elle dit qu'elle n'a jamais faim le matin.
7. Maxime fait des abdominaux et de la musculation tous les samedis matins au gymnase, mais il ne fait rien le reste de la semaine et il grignote des chips tout le temps. Il dit que l'exercice du samedi excuse les snacks du reste de la semaine.
8. Céline dit que faire du sport, ce n'est pas son truc. Elle préfère regarder un bon match de tennis à la télé.
9. Renaud se couche vers dix heures. Il fait de l'exercice tous les matins parce qu'il s'entraîne pour l'équipe de hockey.
10. Anthony se nourrit de fruits et de légumes. Il fait très attention à ne pas consommer trop de matières grasses et il ne saute jamais de repas.

C.

ANNICK Ça ne va pas, Henri? Tu n'as pas l'air en forme ce matin.

HENRI Salut, Annick. Je ne me sens pas bien aujourd'hui. J'ai mal dormi cette nuit.

ANNICK Qu'est-ce que tu as? Tu as la grippe? Un rhume?

HENRI Non, mais j'ai encore un peu mal à la cheville. Je suis découragé. Moi, qui suis si sportif d'habitude! Je ne peux rien faire. Je craque.

ANNICK Sois patient! Tu t'es cassé la cheville il y a dix jours seulement. Tu devrais te remettre en condition petit à petit. Tu pourrais faire de la musculation, par exemple.

HENRI La musculation, ce n'est pas mon truc.

ANNICK Allez! Courage! Ce serait bon pour toi.

HENRI Qu'est-ce que tu en sais? En ce moment, je préfère regarder la télé, étudier et parler au téléphone.

ANNICK Et grignoter! Arrête de manger tous ces gâteaux. Pourquoi tu ne fais pas du yoga? Ça te changerait les idées.

HENRI C'est peut-être une bonne idée. Merci, Annick.

I. Listening   *Maximum Score: 30 points*

A. (10 points: 2 points per item)
1. d
2. a
3. c
4. e
5. b

B. (10 points: 2 points per item)
6. b
7. b
8. b
9. a
10. a

C. (10 points: 2 points per item)
11. c
12. b
13. b
14. a
15. a

Quiz 8-1B Première étape

I. Listening

1. — Salut, Thomas. Ça n'a pas l'air d'aller!
   — Non, je suis triste. Mon père et ma mère me manquent.
   — Fais toi une raison, tu vas les voir bientôt.

2. — Je regrette mon ancienne école. Elle était vraiment sympa.
   — Ah bon, c'est tellement différent ici?
   — Oh oui, c'est beaucoup plus stressant. Il y a trop de monde.

3. — Bonjour, Alice. Ça ne va pas?
   — Bof, mes amis me manquent un peu, je me sens seule.
   — Tu vas voir que tu vas très vite en rencontrer de nouveaux.

4. — Ce qui me manque ici, ce sont les activités sportives. Il n'y a rien à faire, c'est mortel!
   — Il n'y a pas de gymnase mais tu vas t'y faire. Tu peux toujours faire du jogging dehors!

Quiz 8-2B Deuxième étape

I. Listening

1. Quand Jean était enfant, il avait déjà beaucoup de soucis. C'était un petit garçon déprimé.
2. Quand Arthur était petit, il faisait des bêtises tout le temps. Ses parents n'avaient pas la vie facile!
3. Quand Sabine travaillait à la pharmacie, elle avait beaucoup de responsabilités et son travail était stressant.
4. Quand Ariane avait cinq ans, elle taquinait toujours son frère. Elle prenait ses jouets et il pleurait.
5. Quand Luc était bébé, il faisait la sieste pendant deux heures chaque jour.

Quiz 8-3B Troisième étape

I. Listening

1. — Eh Laurence, si on allait se promener en ville, on pourrait acheter des gâteaux à la pâtisserie.
   — Ah non, je ne veux pas, je fais un régime très strict et je dois éviter les choses sucrées.

2. — Si on visitait les mosquées cet après-midi?
   — Très bonne idée! Tu as ton appareil-photo?

3. — Allô, Paul? C'est Simon. Tu veux jouer au tennis dimanche?
   — Non, je ne veux pas, j'ai trop mal au bras.

4. — Et si on allait acheter des tissus maintenant? On pourrait faire des pagnes pour la fête chez Salimata!
   — D'accord, allons-y tout de suite.

5. — Tu viens avec moi au maquis? Je veux boire une limonade.
   — Non, je préfère rentrer chez moi. J'ai beaucoup de devoirs pour demain.

Answers to Listening Activities in
Quizzes 8-1B, 8-2B, 8-3B • Chapitre 8

ANSWERS Quiz 8-1B

I. Listening

    A. (8 points: 2 points per item)
        1. e
        2. f
        3. d
        4. c

ANSWERS Quiz 8-2B

I. Listening

    A. (10 points: 2 points per item)
        1. d
        2. a
        3. b
        4. c
        5. e

ANSWERS Quiz 8-3B

I. Listening

    A. (10 points: 2 points per item)
        1. b
        2. a
        3. b
        4. a
        5. b

French 2 Allez, viens!, Chapter 8

I. Listening

A.

1.   ADJOUA   Ici, je trouve que les gens sont trop stressés. Ils ne prennent pas le temps d'apprécier la vie et de s'amuser. Au village, par contre, on pouvait passer des heures à se relaxer. On jouait souvent à l'awalé avec les copains. C'était mon jeu préféré.

2. MAMADOU   Moi, s'il y a une chose que je regrette vraiment, c'est les repas en famille. Ma mère cuisinait toutes sortes de plats délicieux et toute la famille venait souvent dîner chez nous. C'était chouette!

3.   ADJOUA   Oui, et puis, au village, tout le monde se connaît et c'est plus sympa. On faisait la fête tous ensemble. Avec mes copines, on allait souvent écouter les joueurs de tam-tam qui jouaient dans les rues.

4. MAMADOU   Ah! Je regrette vraiment la vie au village. Ici, je ne connais personne et je m'ennuie. Là-bas, j'avais des tas de copains. Et qu'est-ce qu'on s'amusait bien! On jouait au foot, on courait... C'était le bon temps, on n'avait pas de soucis.

5.   ADJOUA   Tu sais, moi aussi, c'est surtout mes copines qui me manquent. On s'amusait bien au village. On allait se promener après l'école et on s'amusait toujours beaucoup.

B.

6. La vie était moins compliquée. On était assez isolés mais on s'amusait quand même bien.

7. Je ne faisais pas grand-chose avec mes amis. On se promenait au bord de la rivière ou bien on s'asseyait sous un arbre pour parler.

8. Il y a trois autres garçons de mon village ici. Mais nous ne nous voyons pas souvent. Ils habitent trop loin. Il faut prendre le bus pour aller chez eux.

9. Je regrette les déjeuners du dimanche. Toute la famille se réunissait : mes parents, mes frères, mes tantes, mes oncles et surtout mes cousins. C'était génial!

10. D'habitude, je descends de ma chambre et je vais acheter mes provisions dans un petit magasin du quartier. Puis, je remonte dans ma chambre et je mange seul.

C.

Quand j'étais petite, la vie était plus tranquille que maintenant. On passait beaucoup de temps avec sa famille, mais ce n'était pas ennuyeux! Il n'y avait pas de télévision, alors on discutait. Les gens prenaient le temps d'aider les autres. Ça, ça me manque beaucoup aujourd'hui.

J'avais beaucoup trop de responsabilités à la maison. J'aidais ma mère à faire la cuisine et la lessive. Ce n'était pas très amusant. Il n'y avait pas de temps pour les distractions chez moi.

Ce qui ne me manque pas, c'est l'école. C'était vraiment ennuyeux. On n'avait rien! Peu de livres, pas de musique. Et puis, notre professeur n'était pas très gentil.

Dans mon village, il n'y avait pas de voitures ni de bus. J'allais partout à pied. Ce n'était pas marrant. C'est plus facile aujourd'hui avec tous ces bus.

Mon père avait construit notre maison au centre du village. Et quelle maison! Il y avait seulement deux pièces, mais la maison était chaude en hiver et fraîche en été. C'était une maison solide et tranquille, pas comme ces nouveaux appartements où on entend tous ses voisins!

TESTING PROGRAM • SCRIPTS & ANSWERS

I. Listening Maximum Score: 30 points

A. (10 points: 2 points per item)
1. c
2. b
3. d
4. e
5. a

B. (10 points: 2 points per item)
6. a
7. a
8. b
9. a
10. b

C. (10 points: 2 points per item)
11. a
12. b
13. b
14. b
15. a

Quiz 9-1B Première étape

I. Listening

A. 1. — Ecoute, Karim, je parie que tu ne sais pas ce qui s'est passé samedi soir. Voilà, je suis allé au ciné et devine qui j'ai vu? Pierre avec Clotilde. A mon avis, ils avaient l'air vachement amoureux!
   — Evidemment, c'est pas une nouvelle. Ça fait deux semaines qu'ils sortent ensemble.

2. — Je me demande si Anne n'a pas raté son examen vendredi. Elle était de mauvaise humeur à la fête de Claire.
   — Tu as peut-être raison. Elle avait l'air inquiète samedi soir.

3. — Peut-être que je me trompe, mais je pensais que tu avais l'air fâché ce week-end, Hervé. Ça ne va pas?
   — Si, ça va très bien. Tu te trompes. J'étais de très bonne humeur!

4. — Je crois que les parents de Sylvie étaient énervés. Quand je suis allée la chercher pour aller à la gym, ils ne m'ont pas dit bonjour!
   — Ce n'est pas possible. Ils sont super sympas. A mon avis, tu ne les as pas entendus!

5. — Sophie, je parie que tu ne connais pas la nouvelle! Eh bien, Victor a invité Alice au restaurant. Tu imagines comme Françoise était furieuse!
   — A mon avis, il ne faut pas se fier aux apparences. Victor et Alice sont copains et d'ailleurs, Victor adore Françoise.

Quiz 9-2B Deuxième étape

I. Listening

A. 1. — Tu ne devineras jamais ce qui s'est passé. Charles est tombé amoureux!
   — Raconte!
   — Elle est américaine, elle s'appelle Kathy. Je ne sais rien d'autre.

2. — Tu connais la nouvelle?
   — Non, dis vite.
   — César et Sophie ont cassé. C'est la faute de César, je crois. On l'a vu au parc avec Cléo.

3. — Devine ce qui s'est passé!
   — Aucune idée, raconte-moi!
   — Sandrine et sa sœur se sont disputées. Sandrine a rencontré un copain et sa sœur a voulu aller au ciné avec eux. C'est pas très sympa, non?

4. — Tu sais ce que je viens d'apprendre? Yvonne a rendez-vous avec Philippe demain au café.
   — Encore? Elle a de nouveaux rendez-vous toutes les semaines!

Quiz 9-3B Troisième étape

I. Listening

A. — Bonjour, Josiane!
   — Salut, Amira!
   — Tu ne devineras jamais ce qui s'est passé ce week-end.
   — Raconte!
   — J'avais rendez-vous avec Stéphane vendredi soir. Mes parents sont très stricts, donc je ne voulais pas leur dire que j'allais rencontrer un copain. Alors, j'ai dit que je devais étudier à la bibliothèque pour mon interro de français et ils ont dit qu'ils étaient d'accord. Olivier, le frère de Stéphane, nous a emmenés avec sa voiture au cinéma car il pleuvait. On était en train de rire quand, tout à coup, il y a eu un grand bruit. A ce moment-là, la voiture a quitté la route et elle s'est renversée. Ce n'était pas un accident grave mais Stéphane avait mal au bras et moi, au cou. La police est arrivée et on nous a emmenés à l'hôpital. Malheureusement, ils ont téléphoné à mes parents. Tu imagines… Bref, ils étaient furieux et finalement, je suis privée de sortie pour un mois!

Answers to Listening Activities in
Quizzes 9-1B, 9-2B, 9-3B • Chapitre 9

ANSWERS Quiz 9-1B

I. Listening
- **A.** (10 points: 2 points per item)
  1. a
  2. a
  3. b
  4. b
  5. b

ANSWERS Quiz 9-2B

I. Listening
- **A.** (8 points: 2 points per item)
  1. d
  2. a
  3. e
  4. b

ANSWERS Quiz 9-3B

I. Listening
- **A.** (10 points: 2 points per item)
  1. a
  2. b
  3. b
  4. b
  5. b

French 2 Allez, viens!, Chapter 9

I. Listening

A.
CELINE Salut, Margot. Tu connais la nouvelle? Annie et Eric ont cassé hier soir. Annie a découvert qu'Eric sortait avec une autre fille. Annie est déprimée mais Eric est amoureux de l'autre fille!

MARGOT Sans blague? Dis, tu as vu Abdul ce matin? Il a l'air inquiet. Je me demande pourquoi.

CELINE A mon avis, c'est un problème de famille. Ses parents parlent de divorcer. Abdul dit qu'ils se disputent beaucoup. Et au fait, tu as parlé avec Gina? Pourquoi est-ce qu'elle est de si bonne humeur aujourd'hui?

MARGOT Gina? Sans doute parce qu'elle a eu une bonne note en maths ce matin.

CELINE Ah! Evidemment! Et devine qui est furieux parce qu'il est privé de sortie ce week-end?

MARGOT Aucune idée!

CELINE Victor! Tant pis pour lui. Victor n'écoute jamais sa mère et pourtant elle est super sympa. Ça lui apprendra!

B. 6. — Paul, c'est vrai que Claudine a eu un accident de moto vendredi? Raconte ce qui s'est passé!

— Ça m'étonnerait. Je lui ai parlé vendredi soir et elle ne m'a rien dit.

7. — Devine quoi! J'ai invité Aïcha à sortir samedi soir et elle a accepté. Je crois que je suis amoureux!

— Ça se voit! A mon avis, tu as bien fait. Aïcha est très gentille. Je parie que vous allez bien vous amuser.

8. — Je ne sais pas quoi faire. Je me suis disputée avec Cédric. Je crois qu'on devrait casser. Je suis vraiment énervée.

— Tu as peut-être raison. Toi et Cédric, vous vous disputez beaucoup à mon avis.

9. — Devine ce qui s'est passé hier soir! Je rentrais de l'école à vélo comme d'habitude et je suis tombée devant la maison de M. Dupuy, le prof de maths. Il a été super gentil et m'a reconduite chez moi.

— Ce n'est pas possible. Tout le monde a peur de M. Dupuy. Il est toujours de mauvaise humeur. Tu es sûre que c'était lui? A mon avis, tu te trompes.

C.
MANUE Allô, Caro? C'est Manue. Tu devineras jamais ce qui m'est arrivé hier soir.

CARO Quoi? Raconte-moi tout.

MANUE Voilà. J'ai pris le bus vers cinq heures et demie, comme d'habitude,...

CARO Qu'est-ce qui s'est passé?

MANUE Patience. J'y arrive. Dans le bus, il y avait un garçon en face de moi. Il était grand, brun, exactement mon style, quoi. Quand il m'a regardée,...

CARO Tu as eu le coup de foudre.

MANUE Oui, mais attends de savoir qui c'était! C'était l'acteur Martin Declair. Tu te souviens? C'est lui qui joue dans le feuilleton de télé «Mon ami Martin».

CARO Ce n'est pas possible! Tu plaisantes! Tu lui as parlé?

MANUE Non, malheureusement, il est descendu à Montparnasse, et moi, j'avais mon devoir de maths à faire chez moi.

CARO A mon avis, tu devrais lui parler la prochaine fois que tu le vois. Ma vieille, t'as toutes tes chances!!!

Answers to Chapter Test Listening Activities • Chapitre 9

I. Listening   Maximum Score: 28 points

A. (10 points: 2 points per item)
1. b
2. e
3. a
4. d
5. c

B. (8 points: 2 points per item)
6. b
7. a
8. a
9. b

C. (10 points: 2 points per item)
10. b
11. b
12. a
13. b
14. a

French 2 Allez, viens!, Chapter 9

Listening Scripts for Quizzes • Chapitre 10

Quiz 10-1B Première étape

I. Listening

1. — Tu as une minute, Anne? Voilà, j'ai oublié d'inviter Karine à mon anniversaire et elle est fâchée. Qu'est-ce que je peux faire?
   — Parle-lui et invite-la à une autre fête.
2. — Salut, Pierre, j'ai un problème. Pascal m'a vu avec sa petite amie au parc, mais il ne s'est rien passé. On parlait du cours de géo. A ton avis, qu'est-ce que je dois faire? Il est fâché maintenant.
   — Explique-lui que c'est un malentendu.
3. — Je peux te parler? Je voudrais m'excuser auprès de Julia parce que je n'ai vraiment pas été sympa samedi soir. J'étais de mauvaise humeur. Qu'est-ce que tu ferais, toi?
   — Téléphone-lui et demande-lui pardon. Je pense que c'est une bonne idée.
4. — J'ai un problème!
   — Je t'écoute.
   — J'ai perdu le livre de maths de Franck. A ton avis, qu'est-ce que je dois faire?
   — Offre-lui un nouveau livre et dis-lui que tu es désolé.

Quiz 10-2B Deuxième étape

I. Listening

1. — Pierre, tu peux aller à la pâtisserie commander le gâteau?
   — Pas de problème, mais il faut que tu m'expliques quel gâteau tu veux.
2. — Salut, Cyril, tu pourrais passer chez Antoine pour chercher des tables et des chaises?
   — C'est impossible! Je n'ai pas de voiture pour les transporter!
3. — Isabelle, je voudrais ton avis pour les invitations et la robe que je vais mettre le soir de ma boum. Ça t'ennuie de venir avec moi au magasin?
   — Bien sûr que non. Tu sais que j'adore donner mon avis.
4. — Je n'aime pas tellement faire la cuisine. Ça t'embête de m'aider à préparer des amuse-gueule pour le dîner?
   — Pas du tout. Moi, j'adore faire la cuisine et je connais beaucoup de spécialités délicieuses.
5. — Tu pourrais m'aider à faire le ménage après la fête?
   — Désolée, mais j'ai quelque chose d'autre à faire. Et puis, tu ne m'as pas invitée!

Quiz 10-3B Troisième étape

I. Listening

1. — Je suis vraiment désolée de ne pas t'avoir invité à ma boum. Je croyais que tu étais en vacances avec tes parents à la Martinique.
   — T'en fais pas, tu m'inviteras une autre fois.
2. — Excuse-moi, mais je ne t'ai pas attendue l'autre soir au cinéma. Il y avait du monde et je voulais avoir une place.
   — Tu aurais dû m'attendre. A cause de toi, j'ai raté le film.
3. — Tu sais, pour le CD, c'est de ma faute. C'est moi qui l'ai perdu.
   — Il n'y a pas de mal. Je n'aimais pas cette musique de toute façon!
4. — J'aurais dû te dire qu'il y avait une interro en histoire. Tu ne m'en veux pas?
   — Si, tu aurais pu me téléphoner. Maintenant, je vais avoir une très mauvaise note.

Answers to Listening Activities in Quizzes 10-1B, 10-2B, 10-3B • Chapitre 10

ANSWERS Quiz 10-1B

I. Listening

    A. (8 points: 2 points per item)

        1. b

        2. e

        3. c

        4. a

ANSWERS Quiz 10-2 B

I. Listening

    A. (10 points: 2 points per item)

        1. a

        2. b

        3. a

        4. a

        5. b

ANSWERS Quiz 10-3B

I. Listening

    A. (8 points: 2 points per item)

        1. a

        2. b

        3. a

        4. b

I. Listening

A.   JULIEN   Je peux te parler? J'ai un problème.
   SEVERINE   Qu'est-ce qu'il y a?
   JULIEN   C'est Aurélie. Elle ne me parle plus.
   SEVERINE   Qu'est-ce qui s'est passé?
   JULIEN   On avait rendez-vous. C'était son anniversaire. Je n'y suis pas allé parce que mes parents m'ont privé de sortie.
   SEVERINE   Eh bien, tu devrais lui expliquer ce qui s'est passé.
   JULIEN   Elle refuse de m'écouter. Qu'est-ce que je dois faire?
   SEVERINE   Téléphone-lui et demande-lui pardon.
   JULIEN   Oh, je ne sais pas. Elle est vraiment fâchée, tu sais.
   SEVERINE   Ben, insiste pour lui parler et dis-lui que tu l'aimes. Invite-la au restaurant. Et n'oublie pas de lui offrir un cadeau. Je suis sûre qu'elle va te pardonner.
   JULIEN   Tu crois?

B.   ELODIE   Marc, tu as une minute?
   MARC   Oui, bien sûr. Qu'est-ce qu'il y a?
   ELODIE   Tu sais que Kim fait une boum samedi soir.
   MARC   Je sais. Elle m'a envoyé une invitation.
   ELODIE   Elle m'a invitée, moi aussi, mais je me suis disputée avec elle hier et c'était de ma faute. Alors, je ne sais pas si je devrais aller à sa boum. Je voudrais bien, mais si elle m'en veut,...
   MARC   A mon avis, tu devrais lui téléphoner et t'excuser. Vous êtes bonnes copines. C'est tellement bête, une dispute.
   ELODIE   Merci pour tes bons conseils. Je vais lui téléphoner ce soir et lui demander pardon. Je te vois à la boum, alors?

C. 11.   Je ne sais pas quoi faire. Est-ce que je peux te parler? J'ai un problème assez personnel. Tu as une minute?

   12.   Mais si, c'est de ta faute! Tu aurais dû me demander la permission avant de prendre mes vêtements. Et ce n'est pas la première fois.

   13.   A mon avis, tu devrais lui parler. Dis-lui que tu es désolé et que c'est de ta faute. Téléphone-lui ce soir et explique-lui. Elle va comprendre.

   14.   Dis, Ariane, ça t'ennuie de me prêter cinq euros? Il faut que j'achète des timbres. Je peux te les rendre demain.

   15.   Mais non, je ne t'en veux pas. Ce n'est pas de ta faute si tu ne peux pas venir chez moi samedi.

I. Listening   Maximum Score: 30 points

A. (10 points: 2 points per item)
1. b
2. a
3. b
4. a
5. a

B. (10 points: 2 points per item)
6. b
7. a
8. a
9. a
10. b

C. (10 points: 2 points per item)
11. c
12. c
13. a
14. c
15. a

Listening Scripts for Quizzes • Chapitre 11

Quiz 11-1B Première étape

1. — Dis, Thomas, tu connais Toure Kunda? C'est un groupe africain.
   — Bien sûr, je les ai vus en concert à Montpellier.
2. — Ce soir on va écouter la chanteuse canadienne Céline Dion à Bercy. Tu viens avec nous?
   — Je ne sais pas qui c'est et j'ai beaucoup de travail à faire. Mais merci quand même.
3. — On va voir Pavarotti ce soir.
   — Qui c'est?
   — C'est le meilleur chanteur d'opéra. C'est de la musique classique.
   — Je ne le connais pas mais je veux bien aller l'écouter.
4. — Ce week-end c'est la Fête de la musique. Il y aura une chanteuse de zouk de Martinique. C'est génial, non?
   — Je ne connais pas cette musique. Est-ce que je peux venir avec vous?
5. — Tu sais, ce soir je vais voir un très bon musicien de jazz. C'est Michel Petrucciani. Tu ne le connais pas, je pense.
   — Bien sûr que si! Je l'ai vu au festival de Jazz d'Antibes.

Quiz 11-2B Deuxième étape

1. — Je veux bien aller voir *Men in Black*. Mais qu'est-ce que c'est comme genre de film?
2. — D'accord, allons voir *Les Visiteurs*. Mais il faut prendre le journal pour voir où ça passe.
3. — Je ne sais pas quoi faire ce soir.
   — Allons voir un film!
   — Oui, je veux bien, mais qu'est-ce qu'on joue?
4. — Est-ce que tu as téléphoné au cinéma pour demander à quelle heure commence le film?

Quiz 11-3B Troisième étape

1. — J'ai envie de lire un roman de science-fiction. Je crois que je vais prendre *Dune*.
   — Je ne te le recommande pas. D'abord, c'est trop long et puis comme histoire, ça casse pas des briques!
2. — Je ne savais pas que Jean-Paul Sartre avait écrit des pièces de théâtre!
   — Si, lis *Huis clos*. Tu verras, on ne s'ennuie pas! C'est vraiment intéressant.
3. — Viens, allons voir les autobiographies.
   — Tu plaisantes! C'est du n'importe quoi! Tous ces gens qui parlent de leur vie, c'est bête!
4. — Il faut que j'achète *Germinal* de Zola pour mon cours de littérature. De quoi ça parle?
   — Oh là là, c'est déprimant comme histoire. Tu vas pleurer souvent. Bonne chance!
5. — Tu sais, Pierre, je trouve que *Rendez-vous à Berlin* est une très belle histoire.
   — Oui je sais, il y a du suspense et c'est plein de rebondissements. C'est vraiment passionnant!

Answers to Listening Activities in
Quizzes 11-1B, 11-2B, 11-3B • Chapitre 11

ANSWERS Quiz 11-1B

I. Listening
- **A.** (10 points: 2 points per item)
  1. a
  2. b
  3. b
  4. b
  5. a

ANSWERS Quiz 11-2B

I. Listening
- **A.** (8 points: 2 points per item)
  1. e
  2. b
  3. a
  4. d

ANSWERS Quiz 11-3B

I. Listening
- **A.** (15 points: 3 points per item)
  1. b
  2. a
  3. b
  4. b
  5. a

Listening Scripts for Chapter Test • Chapitre 11

I. Listening

A. 1. Dans un décor futuriste, Paris est menacé par des milliers d'oiseaux préhistoriques. Si vous aimez la science fiction, vous aimerez ce film.

2. Voici un film classique tourné dans l'ouest des Etats-Unis. C'est 1863 et une bande de hors-la-loi attaque une famille de ranchers.

3. Dans ce film, il y a du suspense, de l'humour et aussi beaucoup d'action. Des voitures qui explosent. Un trésor caché dans les Alpes. Croyez-moi, on ne s'ennuie pas!

4. C'est le retour du commissaire Maigret. Dans ce polar plein de rebondissements, Maigret réussit, comme toujours, à arrêter le criminel qu'il recherche.

5. Muriel et Roland s'aiment malgré tous leurs problèmes. C'est une belle histoire mais c'est triste.

B. 6. *Amour toujours* est un livre gentillet sans plus. Je ne peux vraiment pas le recommander.

7. *Mes couchers de soleil* est un livre de poésie. Il faut le lire parce que c'est un très beau livre. Et la beauté pure, c'est rare.

8. *Flash et la nouvelle planète* est une nouvelle B.D. Ça parle d'une guerre entre deux étoiles. Moi, je n'ai pas trouvé ça passionnant.

9. Si vous êtes des fans de science-fiction, il faut lire *Galactica.* L'histoire est pleine de rebondissements. De quoi ça parle? Je ne vais pas vous dire. Il faut le lire.

10. Le nouveau polar d'Eric Dutronc est un classique. C'est plein de suspense. C'est peut-être un peu violent mais c'est vraiment passionnant.

C. LAURENT Eh, salut, Sabine!

SABINE Bonjour, Laurent.

LAURENT Que fais-tu ici?

SABINE Je cherche un CD pour offrir à ma sœur. Demain, c'est son anniversaire.

LAURENT Voilà le nouveau CD du groupe Niagara. Il est sensass.

SABINE Non, elle en a déjà un de ce groupe et elle ne l'aime pas trop.

LAURENT Tu peux lui acheter un livre.

SABINE Bonne idée, mais lequel? Il y en a tellement ici.

LAURENT Offre-lui *La Nuit des temps.* C'est un roman de science-fiction. Je te le recommande.

SABINE Non, ce n'est pas son style. Elle préfère les romans d'amour.

LAURENT Tiens, regarde. *Pêcheur d'Islande.* Tu connais ce livre? C'est un roman d'amour. C'est une belle histoire.

SABINE Je ne savais pas que tu aimais les romans d'amour. Tu l'as lu, ce livre?

LAURENT Non, non. C'est ma mère qui m'a dit que c'était très bien.

SABINE De quoi ça parle?

LAURENT Je ne sais pas, mais tu peux demander à ma mère.

SABINE Ce n'est pas trop long à lire?

LAURENT Non, mais c'est peut-être déprimant. Ma mère a beaucoup pleuré.

SABINE Je crois que ma sœur aimera. Je vais l'acheter.

I. Listening Maximum Score: 30 points

A. (10 points: 2 points per item)
1. d
2. a
3. c
4. e
5. b

B. (10 points: 2 points per item)
6. b
7. a
8. b
9. a
10. a

C. (10 points: 2 points per item)
11. a
12. a
13. b
14. a
15. b

Listening Scripts for Quizzes • Chapitre 12

Quiz 12-1B Première étape

I. Listening

1. Je voudrais faire une randonnée. Pouvez-vous m'indiquer un chemin?
2. Bonjour, je cherche une carte de la montagne, s'il vous plaît. Je voudrais faire du ski.
3. Où se trouve le lac Vermeil?
4. J'aime bien faire du camping. Est-ce qu'on peut passer la nuit dans le parc?
5. Qu'est-ce qu'on peut faire comme activités dans ce parc?
6. Qu'est-ce qu'on peut voir comme animaux dans le parc?

Quiz 12-2B Deuxième étape

I. Listening

1. Je crève de soif et il n'y a presque plus de jus de fruit. Qu'est-ce qu'on va faire?
2. Je n'en peux plus, mon sac est trop lourd. Je vais jeter tous ces déchets.
3. Tu devrais regarder la carte. C'est bientôt la nuit et j'ai peur de me perdre.
4. Je pense que ces écureuils ont faim, mais moi aussi, je meurs de faim!
5. J'abandonne! Je craque! Je suis trop fatigué! Je ne peux plus avancer.

Quiz 12-3B Troisième étape

I. Listening

Samedi, j'ai fait une randonnée au parc avec Sabine. D'abord, nous sommes allés faire des courses pour avoir de quoi boire et manger. Ensuite on a préparé les sacs, on y a mis les courses, des cartes, une boussole et bien sûr, une trousse de premiers soins. Après ça, nous avons pris le bus. Pendant le voyage, nous avons beaucoup ri. Sabine avait l'air de bonne humeur. Par contre, au retour, elle était de très mauvaise humeur. Pendant la randonnée, nous nous sommes d'abord disputés parce qu'on avait oublié la lotion anti-moustiques. Ensuite, nous nous sommes perdus et puis Sabine est tombée! Elle s'est fait mal au pied et ne voulait plus marcher! Finalement, nous avons dû abandonner et nous sommes rentrés. Quelle journée!

Answers to Listening Activities in
Quizzes 12-1B, 12-2B, 12-3B • Chapitre 12

ANSWERS Quiz 12-1B

I. Listening
   A. (12 points: 2 points per item)
     1. e
     2. d
     3. f
     4. c
     5. b
     6. a

ANSWERS Quiz 12-2B

I. Listening
   A. (10 points: 2 points per item)
     1. a
     2. e
     3. d
     4. b
     5. c

ANSWERS Quiz 12-3B

I. Listening
   A. (7 points: 1 point per item)
     1. b
     2. b
     3. a
     4. a
     5. a
     6. b
     7. a

French 2 Allez, viens!, Chapter 12

I. Listening

A. 1. Mais ça fait une heure qu'on marche! Je n'en peux plus, moi!
    2. Voilà. Il n'y a plus que deux kilomètres. Courage!
    3. Mais, qu'est-ce que c'est? J'ai peur des écureuils, moi.
    4. Allez, tu y es presque! On pourra se reposer dans vingt minutes.
    5. Alors, moi, j'abandonne. Je crève de faim.

B. Bon... Cet été, j'ai passé des vacances incroyables avec mes parents et ma sœur
    Annick. Le six juillet, on est partis faire du camping à la campagne. C'était super! On
    a vu toutes sortes d'animaux, même un ours au bord de la route. On s'est arrêtés
    dans le parc et on s'est d'abord installés. Après, Annick et moi, on a décidé de se
    promener. On a fait de la randonnée pendant une heure. C'était super! On s'est ar-
    rêtés à côté d'un petit étang où il y avait des canards. Ensuite, on a continué notre
    promenade et tout à coup, Annick a crié : «Un renard! Cours! Vite!» Moi, je n'ai pas
    vu de renard, mais j'ai quand même couru. Annick est tombée en courant et elle s'est
    fait mal à la main. Après ça, on était tellement fatigués qu'on a décidé de se reposer
    un peu. Finalement, on est retournés à notre tente pour raconter l'histoire à Maman
    et à Papa. Quelle journée!

C. ANDRE   Dis, Marina, on arrive quand au Chalet Grégoire? Ça va faire quatre
             heures qu'on marche et je suis crevé. J'ai l'impression qu'on tourne en
             rond. Les autres vont s'inquiéter.
    MARINA   On devrait bientôt y être. Mais c'est difficile sans la boussole.
    ANDRE   Mais, tu m'as dit que tu connaissais un raccourci!
    MARINA   Ben, en fait, j'avais onze ans la dernière fois que je suis venue ici. J'ai
             peut-être oublié où était ce raccourci.
    ANDRE   C'est pas vrai! On aurait dû rester avec le groupe! Mais je t'ai suivie et
             maintenant nous sommes perdus. Bravo!
    MARINA   Oh, ça va! Ça va! Allume ta lampe de poche, il commence à faire nuit et on
             ne voit plus rien.
    ANDRE   Quelle lampe de poche? C'est toi qui devais la prendre! Marina, cette ran-
             donnée est un vrai cauchemar! Je suis crevé et je commence aussi à avoir
             faim.
    MARINA   Attends, regarde. «Chalet Grégoire : 2 kilomètres.» Tu vois? Courage! On y
             est presque! On va dire aux autres qu'on s'est arrêtés quelques heures
             pour admirer les animaux dans la nature. Ils n'ont pas besoin de savoir
             qu'on s'est perdus.

Answers to Chapter Test Listening Activities • Chapitre 12

I. Listening Maximum Score: 30 points

A. (10 points: 2 points per item)
1. a
2. b
3. a
4. b
5. a

B. (10 points: 2 points per item)
6. e
7. a
8. c
9. b
10. d

C. (10 points: 2 points per item)
11. a
12. b
13. b
14. b
15. a

French 2 Allez, viens!, Chapter 12

Listening Scripts for Final Exam

I. Listening

A. 1. Partez tranquille vers l'aventure. Notre trousse de premiers soins vous rassure. Les petits accidents de route ou de camping ne peuvent plus gâcher vos vacances.

2. C'est inutile de regretter les meilleurs moments passés en famille ou en vacances. Les rebondissements, les bêtises, les moments tendres, vous les capturerez.

3. Vous avez envie d'une vie plus simple, plus pure? De savourer des plats exotiques? De porter des pagnes? De vous promener sur une plage de sable fin? De danser au rythme du tam-tam? Contactez-nous. Nous vendons des rêves.

4. Vous le savez depuis longtemps. Vous n'avez pas le temps de manger comme il le faut. Vous dormez mal. Vous êtes souvent malade. Vous savez que vous consommez trop de sel, de sucre. Qu'est-ce que vous attendez pour vous sentir mieux? Quand vous grignotez, mangez quelque chose qui est bon pour vous.

5. Quand vous avez des invités, laissez-nous vous aider. Vous n'avez pas le temps de préparer quelque chose de spécial? Pour nous, chaque jour est une occasion spéciale. La prochaine fois que vous invitez vos amis, passez l'aspirateur, mais laissez-nous préparer vos amuse-gueule.

B. 6. — Dis Caro, qu'est-ce qui ne va pas? Tu n'as pas l'air très en forme.
  — J'ai mal aux dents aujourd'hui.

7. — Bruno, pourquoi tu ne fais pas la randonnée à vélo de montagne avec nous? Tu es malade?
  — Non, ça va bien, mais ce n'est pas mon truc.

8. — Sylvie, si on allait au ciné ce week-end?
  — Bonne idée, je ne suis plus malade et j'ai envie de sortir.

9. — Olivier, tu ferais bien de faire de la gymnastique avec nous.
  — Je devrais, mais j'ai mal dormi et je ne me sens pas très bien aujourd'hui.

10. — Marc, qu'est-ce qui se passe? Tu as l'air déprimé.
  — Amina et moi, nous nous sommes disputés et nous avons cassé.

C. 11. J'ai passé tout le week-end à faire les préparatifs pour la boum aujourd'hui. Vous savez que c'est l'anniversaire d'Estelle. Vous êtes tous invités.

12. Ça y est. Antoine et moi, on a cassé samedi soir. Il m'énerve et il a trop mauvais caractère.

13. J'ai fait une randonnée avec quelques amis. Nous avons marché trente kilomètres. Aujourd'hui, je n'en peux plus. Je suis crevé, mais c'était fantastique.

14. Quel week-end! Vendredi, je savais déjà que quelque chose n'allait pas. Samedi et dimanche, je suis resté couché avec la grippe et aujourd'hui je suis encore tout raplapla.

15. Ce week-end, je suis allée à Tours pour voir tous mes anciens amis. On a passé un week-end sensass ensemble.

TESTING PROGRAM • SCRIPTS & ANSWERS

D. 16. Mireille, tu devrais venir avec Sophie et moi dimanche. Il y a un bon policier au Lido et on y va à trois heures. Ça te dit?

17. Pourquoi tu ne vas pas passer une journée à la campagne? Une journée dans la nature toute seule, ça te fera du bien.

18. Mireille, tu as l'air inquiète. Tu sais, je crois que tu devrais casser avec François. François est gentil, mais vous vous disputez tout le temps.

19. Viens avec moi! Nous commençons toujours avec quelques abdominaux, et puis nous faisons trente minutes de musculation. D'accord, c'est fatigant, mais ça fait beaucoup de bien.

20. Ton problème, c'est que tu consommes trop de matières grasses. Moi, j'avais le même problème il y a quelques mois, mais maintenant je ne grignote plus et je me sens beaucoup mieux. Tu devrais faire comme moi.

E. Salut! Je suis vraiment désolée. J'aurais dû te téléphoner à la boum mais je n'avais pas le numéro de téléphone d'Estelle. D'abord, j'ai raté le bus... alors, j'ai décidé de venir à pied. Ensuite, je me suis perdue. Je me suis retrouvée sur la place de la Concorde et je ne savais vraiment plus quoi faire. J'ai finalement décidé de prendre un taxi parce qu'il était déjà tard. Mais à ce moment-là, j'ai vu ma copine Stéphanie à la terrasse d'un café. Elle avait l'air très déprimée et elle pleurait. Elle m'a dit que Patrick venait de casser avec elle. Alors, j'ai décidé de rester avec elle pour la réconforter. Excuse-moi. Tu ne m'en veux pas?

Answers to Final Exam Listening Activities

I. Listening   Maximum Score: 26 points

A. (5 points: 1 point per item)
1. c
2. a
3. e
4. b
5. d

B. (5 points: 1 point per item)
6. b
7. a
8. a
9. b
10. b

C. (5 points: 1 point per item)
11. d
12. a
13. e
14. b
15. c

D. (5 points: 1 point per item)
16. b
17. d
18. a
19. e
20. c

E. (6 points: 1 point per item)
21. a
22. b
23. b
24. a
25. a
26. b

French 2 Allez, viens!, Final Exam